迪克・德・瓦赫特——著
杜子倩——譯
Dirk De Wachter

當快樂成爲負擔，不快樂就是你的權利

DE KUNST VAN HET ONGELUKKIG ZIJN

人生必須快樂的想法，是這個時代的疾病。

但是萬事萬物都有缺口，
因爲這就是缺口的領域，
失敗的領域，
死亡的領域，
除非我們確認失敗與死亡，
否則我們會非常不快樂。

《李歐納·柯恩談李歐納·柯恩》
（*Leonard Cohen on Leonard Cohen,* 1993）

目錄

Contents

真摯推薦

當人們將追求快樂視為一種「結果」，而忽略快樂是生命旅程中的「過程」時，就越難感受到快樂。而生命歷程中，每種感受都很重要，去接納每一個片刻，與社會他人真實連結，快樂自然產生。在這動盪的世代裡，本書給了我們重要的提醒：我們都需要學會同時與「快樂」和「不快樂」共處，以獲得生命的安適。

——李家雯（諮商心理師）

有句歌詞說：一生很短，少有圓滿。我覺得人生也是這樣，無常才是生命的日常，不快樂才是日子的組合。安於不快樂，並且在日子的細縫裡面找到快樂，這一點點的光，就足以把我們照亮。

——海苔熊（心理學作家）

如果不快樂是許多人心裡的罩門，那勇敢面對罩門的人，是不是將更有機會過上更完整與自由的人生呢？

——蘇益賢（臨床心理師、《練習不快樂?!》作者）

（順序依姓氏筆劃排列）

編輯人語

迪克．德．瓦赫特（Dirk De Wachter, 1960-），比利時著名的精神科醫生和心理治療師，也是魯汶大學教授及精神病學中心家庭治療研究的主任。他經常於報章雜誌以精神科醫生與心理治療師的臨床視角針砭時政，文筆簡練卻不失溫度，為大眾所喜愛。

於二〇一二年出版的著作《邊界時代》（*Borderline Times*）中，他探討了西方社會符合邊界標準等問題，長銷至至今已三十五刷；隨後陸續寫就了《愛，一種不可能的欲望？》（*Love. An Impossible Desire?*, 2014）、《德．瓦赫特的世界》（*The World of De Wachter*, 2016）。以上書籍共已銷售超過二十萬冊，在比利時是相當罕有的銷售成績。他的作品經常被讚譽文筆流暢、簡潔又真摯，並且引述藝術、文學與哲學的思想，深入淺出地說明自己的觀點。

二〇一九年年初，比利時的《每月哲學》（*De Maand van de Filosofie*）雜誌以〈哲學月〉主題向他邀稿，他以「不快樂屬於生活的藝術」為旨為雜誌撰文，內容討論了現代人的不快樂情緒以及當前的社會現象。他稱自己並非哲學家，然而雜誌一上市即洛陽紙貴，許多讀者去信雜誌社，抱怨買不到雜誌。因此他隨後以該篇文章為本再作補充及延伸，誕生了這本書。本書於比利時首刷兩萬冊，上市亦隨即銷售一空。

德・瓦赫特提及，當代的社會抱持著追求無限幸福快樂的信念，人人都要努力追求極致，並且認為一切快樂都掌握在自己手裡。過度的追求導致了與他人的疏遠，從而產生深深的孤獨，那些快樂以外的事物彷彿不見容於檯面之上。利己的社會讓眾人只關心自我、展示美好，卻同時迴避同樣存在的低潮與苦痛。所以，快樂究竟意味著什麼？

這本書並不是問題解決指南，德．瓦赫特也並不是要大肆宣揚苦痛，而是要協助世人反思那些簡單卻總是做不到的道理。有光的地方一定有陰影，人生的快樂與不快樂都是人生的養分，學習與之共處、聆聽他人並與他人產生連結，將會為人生帶來更深層的滿足與意義，這才是快樂的真諦。

快樂是什麼？

父親生前是一個和藹可親的人。母親過世之後，他彷彿失了魂魄，人生頓失意義。他斷開了向來喜愛的一切事物，試圖努力振作、如常生活，然而這一切卻都少了他不可或缺的另一半。他讀著過去細心書寫的日記，日復一日地回憶著和妻子的美好時光。遺憾的是，肉體病痛日漸剝奪了他的生理能力，最後他再也無法閱讀，也無法再欣賞他最愛的作曲家莫札特，但是他的心靈卻異常清晰、敏銳。我和哥哥總是盡可能找時間探視他或者帶他外出，尤其是我哥哥，世界上很少有人能像他一樣周到又貼心。父親溫順地配合我們為他所做的一切，但是儘管我們做了種種努力，父親仍走不出喪妻之痛，每一次見面時他總會詢問我安樂死的可能，但每一次他都會再次認為這件事違反了他的原則。這種無力感深深打擊了我，因為我很清楚這屬於人生的一部分，參與家人生老病死的過程是多數人逃避不了的課題，這根本算不上我在門診中經常聽到的那種嚴重心理創傷。然而，我還是感到些許悲傷，就像優美的歌曲走了音，像晴天被烏雲籠罩著。

於是，我開始思索：快樂到底是什麼？

第一部

快樂？

在進入不快樂這個主題之前，

我認為應該先來研究一下：

大家追求的快樂究竟是什麼？

在八〇年代，當我還在讀博士時，我曾向法蘭德斯區的傳奇哲學家李奧．阿波斯特（Leo Apostel）請教一個問題，他在回答之前，用極其友善但十分堅定的口氣反覆詢問我更清楚、確定的定義。他真的是我這輩子遇過最有智慧的人物之一。

對於我的問題，他提出了反問：「你確切的意思是什麼？」在我開始著手寫這本書時，我回想起了這件事，於是翻開字典尋找「快樂」的涵義。以下我摘錄了《凡達勒》（*Van Dale*）免費網路字典中的解釋：

快樂：

一、周遭環境的正面進展。

二、某人感到開心時的愉悅感。

這似乎是兩件不相干的事。前者描述的快樂和外在因素有關；後者則是一種個人暫時性的感受。到底快樂是一種高度個人性的短暫事物，還是屬於受我們環境長期影響的事件呢？

我們知道，感覺快樂的生理因子是由腦垂腺所分泌的安多酚（endorphins，又稱腦內啡），但是這種快樂感是短暫的。如果你得到了一個極好的消息，或是投入了自己特別喜歡的事情，大腦所釋放的大量安多酚會讓你瞬間感覺很美好，但這種感受很快就會消逝。我們體內並沒有內建一種能讓人長久快樂的基因；然而，有些人就是比其他人容易感受到快樂。比利時的基因學權威克莉絲汀娜・凡・布魯克荷芬（Christine Van Broeckhoven）在她的書《這就叫快樂》（*Dat heet dan gelukkig zijn*）中談到，這是一種「潛在遺傳」或「與生俱來的行為人格」。關於快樂基因和人生意義基因的研究多不勝數。遺傳學與健康學教授玫克・巴特爾斯（Meike

Bartels）在《忠誠報》（*Trouw*, 2018.10.10）刊載的內容中表示：「快樂的感覺可能是由基因所決定，有些人天生就比別人容易感受到快樂。但這並不表示快樂基因『差』的人就達不到一定程度的快樂感覺，只是他們必須比前者更努力。」

對於生性比其他人敏感的人而言，後面這句話聽起來好生嚴苛。在我的門診中，我經常遇見內心脆弱、受創的人，我眼中的他們正處於不快樂的時刻。有時候我會對他們說，他們不必老是奮力對抗情緒低潮。你不需要時時刻刻努力讓自己的心情變好，如果你還無法重回工作崗位，那就先別回去。有時候暫且放下努力讓心情好轉的心態也不錯，就讓自己接受情緒的起伏。有些患者聽我這麼一說明顯鬆了一口氣，不僅是因為他們獲准在家裡待久一點，不必馬上回去上班，更因為他們看到我相信他們。如果目前你正值情緒低落，誰都不應該要求你努力追求快樂。

快樂基因並不是獨自運作，我們周遭的環境也同等重要。我們的肉體和基因共存於世，彼此無法分離，或是依照海德格所說：「此在（Dasein）是一種在世存有（in der Welt sein）。」我們之所以存在，是因為我們的在世存有。如果我們有機會、周遭環境正好有利，而且我們也遺傳到快樂基因，這一切當然能幫助我們過上美好的生活。遺憾的是，也有另一些人即使擁有外在的理想條件卻無法快樂，甚至從小就飽受憂鬱之苦。有些孩子因為活不下去而自殺，雖然他們並沒有處在任何造成心理創傷的環境中，更有甚者，連最好的心理治療都未能幫上某些案例的忙。幸好，這些只是罕見的例外。

快樂的社會

由NN保險公司出資、根特大學的里芬．安納曼斯教授（Lieven Annemans）帶領的團隊，在二〇一八年和二〇一九年對近四千個比利時人進行快樂調查。調查結果顯示，三分之一的比利時人感到非常快樂（他們在滿分十分的快樂指數中拿到八分以上）。而和這個非常快樂的漂亮數字形成強烈對比的卻是不快樂的高佔比：根據這份調查，有四分之一的比利時人覺得不快樂。安納曼斯教授認為，造成一個人快樂或不快樂的最重要因素如下：責任、自信、健康、金錢以及和他人的關係。在名列全球前五名的快樂國家荷蘭尚未進行這種較為深入的快樂調查，但是根據一份聯合國的年度快樂指數調查，荷蘭人拿到七．四分（滿分十分）的平均分數。

比利時的分數稍低：六．九分。荷蘭中央統計局的數據顯示，百分之二十二的荷蘭人很快樂（九分或十分），只有百分之三的荷蘭人覺得不快樂。然而，這份荷蘭調查卻也同時顯示，百分之四十三的受訪者（十九歲以上）感到寂寞，百分之十的受訪者甚至感到極度寂寞。

就我多年的心理諮商經驗，我可以證實——不快樂的人很多。因為我的工作過量，需要接受心理治療的候診名單越來越長。這要怎麼解釋呢？我們不是生活在一個令人稱羨的優質社會嗎？身邊沒有戰爭，大多數人也遠離赤貧。然而，我們身處福利國家，許多人的幸福感卻很低。

「新年快樂！」「生日快樂！」「天天快樂！」我們總是不斷祝福他人快樂，因為自古以來，「快樂」就是人類的最高理想。大

我們身處福利國家，
許多人的幸福感卻很低。

家都在追求快樂，為了自己，也為了我們的孩子，有時候甚至已經到達了瘋狂的程度。「只要你快樂就好了！」、「快樂並保持快樂」已經成為我們存在的終極目標。此外，在西方社會中，實現目標似乎不需要假他人之手，我們相信可以完全靠自己的力量創造快樂。這個世界充滿著這樣的理念：我們的人生和幸福掌握在自己手中，人人都是自我命運的主宰。彷彿我們要在這個塵世裡創造天堂，而且非得如此不可，因為多數人深信，此生過後是等不到天堂的。正如李歐納．柯恩在他最新的專輯《約定》（*Treaty*）中所唱：「現在都結束了，那清水，那紅酒。我們曾經支離破碎，現在我們走到邊界。」

快樂在很大程度上受你的期望所左右。知名的以色列歷史學家哈拉瑞（Yuval Noah Harari）在《人類大歷史》（*Sapiens: A Brief History of Humankind*）中這麼說：「若你想要一台牛車，而你也得到一台牛車，你就滿足了。若你想要一台嶄新的法拉利，卻只得到一台二手的飛雅特，你就會感到不滿足。」我們得不到期望的東西，就會失望；我們難以釋懷，所以不快樂；我們想要快樂，而且不只一點點。

越要越多，越走越遠

「我們下回再登凡圖山可不能再只是普通地爬山，而是要選擇高難度的斜坡！我們要進行最大的挑戰，而且隔天還要再來一次。」我有次聽朋友這麼說，覺得這也太累了。尋常地登山也沒有比較差呀，我是這麼認為的。

現今有大量的登山客在喜馬拉雅山聖母峰附近大排長龍，為的是等候攻頂。人人都想上聖母峰！這還真令人無言。聖母峰因為登山客遺留下來的垃圾而越來越高了。可是，人們還想走得更遠（他們認為這樣更好）：「今年我們要去吉力馬札羅山。」別忘了，無論你走得再遠，最終還是要回到家中。地球是圓的。

備受讚譽的作家菲佛（Ilja Leonard Pfeiffer）在他的小說《歐洲大飯店》（*Grand Hotel Europa*）中，將現今的旅行稱為對真實且特殊的經驗之追求：「這種追求能豐富我們，並成為我們自我認同的一部分。做特別的事，很可能讓你成為特別的人。」

然而，大家就非得到人跡未至的婆羅洲內陸進行冒險之旅嗎？大學生如果沒有酗酒到酒精中毒、緊急送醫，就不算是大學生嗎？有人說你得活出極致，這我不反對。不過，這就像底部烤焦的布丁，如果你過度往下挖，它吃起來就不那麼美味了。因此我認為，不去挖取底部，布丁吃起來也同樣可口。將極端的行為當作人生的目標可能會招致問題，這有它的黑暗面。在我的門診中，我碰過堅信能靠自己贏得一切的事業成功人士。然而，他們卻坐在我面前淚流滿面，因為他們再也堅持不下去了。這時我總會想：平凡又有什麼不好？

很多人過著平實淡然的生活，內心感到十分快樂，這同樣價值不減。他們不需要沿著最險惡的山壁攀登聖母峰，也不必連跑三場馬拉松。我很佩服能連跑三場馬拉松的人，他們當然可以這麼做。這方面並沒有固定的標準，只是我們不必強求而已。

以前的標準是要謹守分際、規矩行事，尤其不可引人注意。年輕人總是會被如此告誡：「你這樣做太過火了，收斂一點。」法蘭德斯[1]人尤其不可以在群體中凸顯自己，而來自蘭斯塔區域[2]的荷蘭人則總是雄心勃勃。所幸，我們現在已經不必再受過去這種傳統觀念束縛，但是似乎又解放地太過頭了，這也沒必要，就讓每個人

---

1 譯註：Vlaanderen，比利時西部的一個地區，人口主要是佛萊明人，說荷蘭語。

2 譯註：Randstad，阿姆斯特丹、鹿特丹、海牙和烏支列特之間的四角地帶，一般被認為是荷蘭最精華的地區。

以自己認為舒服的方式過日子吧！

每個時代都鼓勵人們追求更多，但是對當今社會而言，「越來越多」充滿了消費意涵。我們全受消費性物質制約，即使對此抱持懷疑態度的人最終也成了犧牲品。在這個生活步調緊湊的社會，快樂代表成功，快樂可以製造、可以衡量，快樂是以你家游泳池的深度和車子的大小來判定。物質享受的數量必須越來越多，各種體驗大可以用錢來換。然而，擁有很多錢並且不斷想要更多卻令人變得不快樂。在比利時，月收入超過四千五百歐元的高收入者比收入略少的人還要不快樂。穩定的財務狀況當然是個人快樂的一個重要因素，不過顯然金錢能帶來的快樂很有限。

自己找快樂似乎不是一件太困難的事，買張旅遊券去開曼群島住度假村，享受泡泡浴就可以完成。然而，你泡久了，皮膚就開始

這個快節奏的社會認為，
快樂可以製造、可以衡量。

變皺，看起來就像一隻軟體動物。快樂軟爛了，自我享樂變成懶散無力，我懷疑你真的能從中得到快樂嗎？我當然不是說你不可以泡澡，相反地，和我們的身體和諧相處是造就美好生活的一大要因，有健康的身體才會有健康的靈魂。

作家和文學家們的筆法往往夾雜著犀利的暗喻和清晰的混亂，我認為他們藉由這種方式所表達的內容比較接近事實。赫利特．孔萊（Gerrit Komrij）在他的作品《親密》（*Intimiteiten*）中，以不浮誇的嘲諷描述了快樂的矛盾：

快樂不意味快樂的存在，快樂表示對於快樂的追求，追求快樂帶給我們的想像與理想。如果我們知道，這種追求永遠不會得到滿足——我們其實也知道——唯一的快樂就是這種不滿足，這種不快樂。

快樂的駭人之處

「你很快樂，你好想昭告全世界」，這也是現今的潮流趨勢。如果你通過了考試，就一定要在社交媒體上大聲宣布這件事；因為你贏得了快樂，所以你當然可以讓所有人知道（而且你大可以更誇張一點）。

德國哲學家威爾海姆・施密特（Wilhelm Schmid）認為，快樂已經變成一種義務了。他稱這種變態追求快樂的心態為「快樂的駭人之處」，並建議大家停止這種追求。美國心理學家艾蜜莉・艾斯法哈尼・史密斯（Emily Esfahani Smith）在她的TED演講和她的作品《意義：邁向美好而深刻的人生》（*Power of Meaning:*

Crafting a Life That Matters）中說道，瘋狂追求快樂的結果往往會造成反效果，帶來不快樂，嚮往的快樂反而變成了恐懼和壓力。因此，施密特也敦促我們應該放慢腳步。

然而，我認為更糟的是：恐懼和壓力不只是追求快樂者的宿命。要是再繼續發展下去的話，我們當然可以說「隨便他們想怎麼樣就怎麼樣」，但真正麻煩的是，瘋狂追求快樂的結果會為他人帶來傷害，他們害人不淺。有些人以川普式的踐踏他人來獲取快樂，他們藉由貶損、甚至毀滅他人來得到快樂。所以，我們不能對此視而不見，不能任由憾事發生，因此我必須站出來。

背運者

狂熱追逐快樂的人會排斥那些運氣比較差的人，成功者的圈子睥睨失敗者。畢竟不是人人都有好運道，有些人運氣稍差，有些人還厄運連連，哀嘆不幸對他人而言就是敗興。在臉書上，崎嶇坎坷的人生並不為人樂見，你就分享成功吧，挫折最好只留給自己知道就好。不過，所有不快樂、不閃耀的事物都不受歡迎也不是件正常的事，更糟的是，運氣比較差的人還要被檢討：一定是因為他們沒有展現足夠的意志力，所以錯在他們自己。

這種唯我獨尊的心理有著潛在的危險，它將社會硬生生一分為二：一邊是成功者，另一邊是失敗者。無論在門診室內或門診室外，我隨處可見這樣的例子。幸運者抬頭挺胸、趾高氣昂地朝前走；至於背運者，社會要你自己負責。萬一你不幸罹患癌症，可能會遭到白眼，因為你一定有哪裡做錯了。你抽菸嗎？你每天有健走一萬步嗎？你吃得健康嗎？在我看來，這種「生病的人就是自己不對」的觀點有時真的是太過頭了。

於是，我知道我寧可不要快樂。不是以這種方式快樂，不是以犧牲別人的美好感受來得到自我的快樂，這種個人的成功並非肆無忌憚。

因此，我認為人生必須快樂的想法，也是這個時代的疾病，我寧可看到缺陷。我們最好學習有時候人就是會感到不快樂，因為「快樂完全操之在己」的想法是個錯誤。你不是你的快樂的唯一主宰，你無法設定好你的人生，因為人生是由許多無法預測的偶然、機會和「不幸」組合而成。

荷蘭詩人兼心理學者羅傑・柯普蘭（Rutger Kopland）曾寫過一首詩，收錄在他那部《直到它放過我們》（*Tot het ons loslaat*）詩集裡，詩中絕佳巧妙地描述了「快樂」的相反性和無法捉摸。快樂是一種悲傷、難以揣測的渴求。我認為身為心理學家是一種福報，能從事這門行業是一種難以置信的特權，因為能被允許如此貼近他人的悲傷是一件有成就感的事。而柯普蘭同時又具備駕馭文字的天賦，令我對這位滿頭白髮的同行敬佩萬分，有一次在魯汶的詩歌發表會上，他告訴我他不開心，因為他每次都得朗讀《幼苗》這首詩。

不樂見的阻礙

但如果你嘗試了種種方式想快樂卻無法如願呢？人生並不容易不是嗎？許多惱人的事情在所難免，像是難搞的上司、不聽話的小孩等等。如果快樂是人生的目標，不快樂就是不樂見的阻礙。當它出現在我們的路上，我們就想去除它，甚至不去想它，認為它不該屬於這裡。在這個菁英社會中，不幸似乎是自己的錯。社會期待你獨自解決你的不幸，大家暗示你要自己嘗試盡速處理它，好讓情況回復正常。所以對話變得困難，大家不想打擾你，或者會直接建議你去找心理諮商。

快樂文化有一套標準模式，就是人人事業成功、皮膚白皙、年輕、聰明、好看、永遠不會累。如果我們達不到標準，那最好把自己隱形起來。所以我們得自行面對問題，不可以對他人言，但這其中潛藏了一個莫大的危險。如果不將小小的不快樂視為正常，它就會如雪球般越滾越大，最終變得無法收拾。於是「快樂」反而成了迴力鏢，最後會打回你的臉上。我認為，生活的藝術就是接納生活中的缺憾並對他人傾吐，如此一來，生活中的大小挫折都會變得比較能承受。

「人之所以不快樂，是因為他無法承受不快樂。」普林納的畢阿斯（Bias of Priene）在西元前六世紀就已經這麼說過，身為希臘七賢的他深知痛苦本來就屬於人生的一部分。我在此所說的事情多少也算是老生常談，這本書的主題其實就和人類文明一樣久遠。

誠然，我們對於這些古老的思想家所知有限，當然無法任意將他們對彼時世界的觀點片段套用在現今的社會，畢竟那些都是很久遠之前的事。希臘七賢原本有二十四位，其中僅四位較為人熟知，畢阿斯是其中之一。叔本華前往羅馬旅行時曾提及畢阿斯，甚至在羅馬城郊的卡西烏斯別墅中有一尊他的美麗銅像。

現今的社會傾向去除不快樂，彷彿它不屬於這裡。「我不善於處理悲傷，私底下我是一個脫逃大師。」作家亞農．赫潤貝格（Arnon Grunberg）在《標準週報》（*DS Weekblad*, 2019.05.04）中如此寫道。不僅人人不善處理悲傷，社會也不鼓勵我們關注悲傷這件事。由於不快樂不為社會所樂見，所以我們封閉自己，不和他人分享悲傷。我們不常談論自己的不快樂，也不傾聽他人的鬱悶。心情不佳時，我們寧可閉關自守，在四周築起高牆深溝，然而此時其實是我們最需要別人的時候。內心創傷因為緊密封閉而益發嚴重，悲傷找不到出口，於是潰爛其中。倘若能向他人訴苦，悲傷就能獲

當不快樂出現在我們的路上，我們就想去除它，
甚至不去想它，認為它不該屬於這裡。
在這個菁英社會中，不幸似乎是自己的錯。

得緩解，繼而痊癒。我在門診中遇見的心傷者，常常徹底鎖住自己。我希望能給他們一些呼吸的空間，讓他們解決問題。一開始必須讓他們先對心理醫生傾吐問題，直到他們有辦法對他人敞開心扉。傾訴悲傷極其重要，因為若是鎖住悲傷，它就會一直往心裡去，久了便鬱積成疾。

即使是年輕人也有這樣的問題，因為他們傾向自我推銷，所以更難以對他人吐露悲傷。以前的社會有比較多的人際網絡，譬如教堂、社團生活、鄰里往來。儘管如此，當時的生活也沒有比現在好過，住在法蘭德斯區小村的同志男孩也一樣寂寞，覺得無處是安身之所。現在許多青少年整天掛在網路上，雖然和世界有連結，卻不是真實深刻的接觸。

人際關係的力量

解決之道並不是在 YouTube 或 Instagram 上有兩萬個追蹤者，而是和周圍的人建立信賴感。先前所述那份有關比利時人快樂指數的研究顯示，婚姻美滿能給予人五倍的幸福感，友誼也能大幅提升幸福感。一個比利時人平均有五個好朋友，真是太幸福了！不過，十個比利時人當中就有一人連一個朋友都沒有，毫無幸福感可言。

因此，每一個獨立個體都需要他人。這點我們心知肚明，我也經常提出佐證，但是我還是要再次對此大聲疾呼。有人對我說，他聽我說人也可以在週末時待在自己的花園裡，不必非要忙東忙西不可，於是聽了我的話，並享受了美好的週末時光，所以事實證明這是對的。很抱歉我必須這麼說，有時候人會受消費文化牽制而失去理智。

然而，人也不該總是獨自一人靜靜窩在自己的花園裡，有時候也應該和他人一起，這會令我們更加快樂。和家人一起的簡單野餐就能使週末變得愉悅，和摯友一起喝杯咖啡便能共度美好的時光。這是何等愜意！繼續這麼做吧！不過，我認為更具意義的是，當你生病時，有人打電話問候你；或是對方陷入情緒低谷時，你前往探視。這就是「風雨故人來」的真義，這也是為何在困頓時候你不應該逃開，而是要留下來。如果我們心情舒暢，當然可以（暫時）不需要別人陪伴，全然獨處；然而，我們在艱難時刻急需彼此。另一個人在旁邊的陪伴，會令你永難忘懷。在此刻，不論悲傷與不幸多麼難以啟齒，它們都珍貴無比，因為它們能拉近我們與他人的距離，這種親近會令人感到快樂。

不論悲傷與不幸多麼難以啟齒，它們都珍貴無比，
因為它們能拉近我們與他人的距離，
這種親近會令人感到快樂。

友誼奠基於分擔彼此的不快樂，甚至愛都是因為共度難關而更加牢固，這是一種相當奇特的矛盾。

都市人

已經有事實證明，周圍的人能使人快樂，孤獨則讓人變得比較不快樂。這也解釋了為何全世界多數地方的物質生活條件已經改善許多，現代人卻不比兩百年前的人快樂。

叔本華認為，一個人只有在獨處時才是真正自由的。我不同意他的看法，因為我在門診中看到太多寂寞的人了。他們已經無法再承受在大城市中沒有人際網絡的全然孤立，他們受困其中卻脫不了身。我們過去和家族、地方團體的連結已然破裂，這和社會世俗化也有關係，現代人已經擺脫了賦予意義的社會結構。現今的都市人只剩下自己，沒有神、沒有愛人也沒有未來。我認為孤獨的自由是一種幻覺，你無法沒有他人而活，因為人存在於他人的目光。但是我們不需要因此重返過去保守的共居生活，我們可以有所不同，方式有許多種。無論如何，沒有他人即為真實自我的結束。

寂寞是所有心理病徵的紅色警示，無法排解悲傷的情緒是一個普遍性問題，有時候只能找心理醫師傾訴。我有一個長期患者，她每星期來找我看診已經持續了三十年。她現在必須使用助行器，從醫院搭計程車來。她對老年科的醫生說，她只有在每星期的這一個小時內是存在的。坦白說，這對我是一個沉重的負擔，我必須特別謹慎地為她空出時間，然後我也因此感受到寂寞。

在我的門診中的寂寞患者有著情感依附的問題，覺得自己被排擠、不被理解。你可能會認為我的患者的問題並不是整個社會的普遍現象，不過，我的看法不同。他們是敏感的個體，較為留心周遭的事物，也比較能感受到社會的問題。因此，仔細聆聽他們所說的話非常重要，他們正是我們這個時代的信號。我總是對我的助理說要好好聽患者說話，因為他們就像是煤礦坑裡的金絲雀，能對潛在危機提出預警。

迷失的青少年

現今社會中，孤寂者的數量多得驚人，這種趨勢似乎和臉書及ＩＧ上的自我膨脹現象呈現反向，但是兩者之間其實有著直接的關係。在社群媒體上所展現的、以自我為中心的追求快樂不允許同理心的出現，年輕人似乎因此經常感覺迷失、被遺棄。根據研究顯示，五分之一的大一新生有憂鬱症的傾向，天主教魯汶大學因此進行一項名為「MindMates」計畫來幫助他們。

年級較長的學生也共同參與了這項計畫，他們協助新生、和新生進行談話，試圖打破他們的孤寂感。在這個工作坊裡，新生會學習到如何辨識憂鬱，並嘗試用言語表達悲傷，但最重要的是，他們

以自我為中心的追求快樂不允許同理心的出現，
年輕人因此經常感覺迷失、被遺棄。

會學習如何傾聽。活動的主旨很簡單：沒有良好的人際連結，就不會有良好的生活。我的同行保羅・維哈赫（Paul Verhaeghe）在《親密關係》（*Intimiteit*）這本書中寫道：「（他們）經常缺乏對自我的愛，然而這偏偏是情感連結的一個重要條件。青少年無節制的自戀裡潛藏著一個巨大懷疑，我夠好、夠美到能讓別人注意到我了嗎？」

即使網路能讓我們快速聯絡上彼此，但是這種數位接觸卻非常表面，這讓我們彼此交談得太少，經常不是真正地見到對方。我們應該要面對面分享經驗和想法才對，當然也包括不快樂的想法。

之前提過的安納曼斯教授團隊所做的快樂指數顯示，有將近一半的比利時人（百分之四十六）有時、經常或總是感到寂寞。這是一個驚人的比例，甚至年輕人也不例外。二十至三十四歲的比利時人當中有超過一半（百分之五十四）有時、經常或總是感到寂寞。荷蘭公共衛生及保健部門也做過一份類似調查，結果顯示，十九歲至八十五歲（含以上）的受訪者有百分之三十八至六十覺得寂寞，而寂寞感隨著年齡增長而提高。百分之十的受訪者甚至覺得十分寂寞，獨居者的寂寞感尤其強烈。

這個統計數字是一個長期積累的結果，由此可見，臉書上的眾多朋友數顯然無法改變寂寞。現在有許多和他人立即交流的絕佳工具，例如ＩＧ、臉書、推特、WhatsApp，我們坐在螢幕前和他人不斷聊天，卻不去探視對方。我們當然沒必要捨棄所有這些方便的通訊方式，不過我認為它們無法觸及人的內心深處，我們反而更應該利用這些工具來安排見面聚會，而不是因此隔離了彼此。

有人對我說，寂寞是人類存在無法避免的一種狀況。這或許沒錯，不過我的工作對象是現代人，因此我想要找出這個時代的許多其他可能和出口。新的媒體聚焦於個體和自我，這造成了彼此壓迫。然而，人的存在必須由兩者組成：個人，亦即能形塑自我存在的感覺，以及，和他人一起。我認為我們必須重新將重心放在後者，而這是一項挑戰。

政府能做什麼？

安納曼斯教授認為與日俱增的寂寞問題是個人與政府必須共同承擔的責任。就在不久之前，英國設立了「寂寞部長」，這是一個再明白不過的信號。在比利時，地方性的政府行政單位最接近社會大眾，它們可以做出改變。政治能幫上忙，只要它不是如同過去某些政黨的主張，以排除最弱勢者作為解決辦法，而是消弭貧窮，持續擴大社會系統以及保障個人的平等受教權。

荷蘭的調查顯示，七十五歲以上的老年人中，有一半感到寂寞。荷蘭社會發展研究院（Movisie）計劃在接下來幾年警示、減緩及預防寂寞。它的觀察研究結果顯示，寂寞已經成為社會中一個普遍的問題。這意味著我們最好過著相互扶持的共同生活，緊密聯繫、家庭關係和小型社會團體尤其重要。我不太相信政府機構舉辦的鄰里同樂活動，那些五花八門的活動，從聖誕餐會到家庭探訪，目的全是要對抗寂寞。但是硬將一個寂寞的獨居者拖去參加慶祝派對，這無異於要他的命。不是每個人都能從寂寞中解脫，也不是非得如此不可。我發現我摯愛的父親在高齡時再也沒有興趣和任何人見面，有時候我哥哥和我會想盡辦法帶他出門、聽音樂會。但他只想見我們，對和他人互動毫無興趣。有時候，對於寂寞這件事，你能做的極其有限，我們必須接受它不走的事實。與其參加政府有關單位舉辦的同樂會，還不如留心周圍的人，體會他們的悲傷，接受生活並不總是美好的事實。

天主教魯汶大學還進行了一項「芒果時刻」計畫。記者史特芙詢問一位臨終的病人自己能為她做些什麼，病人的回答意外簡單：

她想再吃一顆芒果。在下一次的探訪中，史特芙為她帶了一顆芒果，那是很溫馨的一刻。這種微小（並且遠離攝影鏡頭）的舉動正是猶太裔法國哲學家伊曼紐爾・列維納斯（Emmanuel Lévinas）所說的「小善意」，這個行動有別於照護機構的冰冷龐大組織體系所提供的制式服務。「芒果時刻」的網頁上有許多案例，再再見證了微小的關注對病人和照護者雙方的重要性。但是管理部門必須妥善運用「芒果時刻」，如果這類舉動是由上層操作並且依照指示進行，就失去其效用與意義了。「小善意」往往是自然而然發生，尤其在對方失意的當下、生活亂了套的時候，它多半是以福至心靈的方式出現，無法預先規劃。

我們居住的城市變得越來越大，居民比鄰而居卻互不往來。誠如法國作家米榭・韋勒貝克（Michel Houellebecq）在他的小說《無愛繁殖》（*Les Particules élémentaires*）中所言，我們都原子化了。

人們只依賴大腿上的筆電而活，也都在螢幕之前解決三餐，鮮少在餐桌上進食。我明白人基本上是單獨的個體，這是人的獨特性。然而，要如此生活下去的唯一可能卻是和他人一起，我們不會完全捨棄這種單獨性，也沒有必要，但是他人是不可或缺的。如果缺乏和他人的連結、缺乏可以信賴的人、缺乏可以分享事物的人、缺乏可以傾訴的人，生（存）活會很困難。然而，今天卻有許多人這麼活著。大家都相信孤獨即自由的幻象，可是孤獨卻讓這個時代的都市人痛苦萬分，因為現代人自從住進單人套房起就被社會切割成塊。

我們必須小心謹慎，我們的社會過度強調個人與自我，這個自我被封閉在沒有窗戶、以專業隔離工法建築而成的水泥牆內，人人獨自和自己的問題留在裡面。我們太少和他人分擔問題，使得只有心理諮商者得以進入牆內，你還得付費。

如果缺乏和他人的連結以及可以信賴的人，
生（存）活會很困難。
然而，今天卻有許多人這麼活著。

人基本上是單獨的，卻也具備合群的天性，因此在這個個人化的共居生活裡，社交連結絕對不可或缺。

赫潤貝格的文風向來犀利，帶有一種令人費解的趣味。他在二〇一七年的《民眾報》（*De Volkskrant*）專欄中，將人類存在的矛盾性說得很貼切：

你那關係緊密的感覺是很美好，我不否認，不過離家前往多哥[3]尋找快樂的西方人可卻是少之又少。我猜，比起關係緊密卻艱辛的生活，一般人還是偏好關係不太緊密但舒適自在的生活。艾斯法哈妮・史密斯曾直言，刻意追求快樂往往會造成反效果，你大可以不快樂。

3 譯註：多哥共和國，西非的一個國家。

其實，你可以有很多選擇。你可以感覺和他人關係緊密，但不是一定要如此。你可以在多哥尋找快樂，在德倫特[4]也可以。

4 譯註：位於荷蘭北部的城市。

持續的追尋

他人讓我了解我是什麼、我是誰。列維納斯說，首先是他人注視我，透過他的眼光才生成了我。我之所以存在，是因為他人存在。這種強調他人的理念相當具有衝擊性，但它帶給了我諸多啟發。如果我停止與他人對話，這個「生成」也就停止了。所以我們必須持續與他人對話，否則就會封閉自己，逐漸腐壞。持續對話、建立連結，這些是我身為心理治療者的任務基礎。我嘗試在病人和我之間築起溝通的管道，在病人和他人之間亦然。我尋求網絡，首先是家庭連結。

在此之前，我必須嘗試理解病人，我必須認識他們。但這不是

我們必須持續和他人對話，
否則就會封閉自己，然後逐漸腐壞。

隨便就能辨得到的事，因為他人是完全不同的，基本上如一個謎難以理解，你不能語帶嘲諷地說：「說出你的想法啊，因為我又不了解你。」相反地，正是這種所謂的「不了解」促使我們提出問題，以獲取清晰的概念，但是是以用一種貼心的方式來進行。持續追尋意義是一趟永不止息的旅程，我們與朋友的關係就是要如此，在愛的互動中更是如此（正如你以為你對某人認識得夠深了，卻可能發現越來越多他不為你所知的地方）。

持續追尋意義也是我的專業，心理諮商的工作是無止盡的。我鼓勵我的病人帶著已經鞏固的情感連結，自己繼續前行。在我的專業中，「恢復」並不是痊癒，不是已經過去了，也不是離開並且遺忘。它是給予悲傷一個位置，而且這並不是類似替代方案的東西，而是我們所要追求的位置。這或許聽起來很瘋狂，不過悲傷也能豐富你的人生。

悲傷是正常的

人們應該多多扮演心理治療者的角色，多傾聽彼此的內心，在社會、在日常生活中給予悲傷一個位置。並不是什麼都需要花錢找專業的心理師聆聽，有時候我不免會想，心理諮商實在太多了。醫療體系以數百種ＤＳＭ標籤（《精神疾病診斷與統計手冊》〔*The Diagnostic and Statistical Manual of Mental Disorders*，簡稱DSM〕，總計超過一千兩百頁。）將所有精神異常症狀一一歸類，並視之為理所當然，我對此相當不以為然。

你不快樂並不表示你生病了。不快樂是生活的一部分，和它相處很重要，我甚至要說，它和生命一樣重要。然而，太少人如此看待它，悲傷總被當作精神疾病，因此許多人湧向我和我的同事們。心理健康諮詢的等候名單總是長長一大串，彷彿大家只有在心理治療師的診間裡才能鬆一口氣。

我是一個系統性心理治療師及家庭治療師。我的目標是將人連結起來，這表示我更想要和「人」，而不單只是患者講話。當B說他覺得不舒服時，我問他是否曾對他母親提過這件事。他母親就坐在旁邊，她說自己對此一無所知。我便是以這種方式在當下為他們之間做出連結，這就是系統性觀察的本質。

在課堂上我會對學生解釋DSM，我要求學生們將DSM的諸多分類背下來，接著**再一股腦忘得乾乾淨淨**。「忘記」是唯有你已經先知道所有的東西才會發生的事。所以，研讀是必要，目的是忘記。我指的忘記是將習得的知識作為背景，因為沒有一個患者能完全適用於任何一種診斷分類，從來沒有。每一堂課我都會如此提醒學生。

第二部

不快樂？

致命的短缺

除了要快樂，我們的社會還期待要健康。說完「新年快樂！」之後，接著說的就是最重要的願望：希望我們今年依舊保持健康！舉杯慶賀時，人們總要加上「祝你健康！」「只要你健健康康就好！」這樣的感嘆時有所聞。在願望清單上，健康高居首位，名列前茅的還有年輕和美貌。我們期望自己保持年輕、有活力、成功，而且要長長久久，遠遠超過我們的保鮮期。希望常保健康並沒有錯，照顧好身體、維持最佳狀態，這些更沒有錯。問題在於，這種全民瘋健康的目的並非免除疾病，而是迷戀完美，迷戀永遠年輕、理想的體型、運動員的肌肉、馬拉松跑者的體能。有時走火入魔了，反倒不健康。為了維持最佳狀態，你必須一直保持警醒，處於

全民瘋健康的問題在於，
它的目的並非免除疾病，而是迷戀完美。

一種輕度狂躁的狀態，配上如牙膏廣告上的迷人微笑。這種「健康」形象並不是智人（Homo sapiens）的真實樣貌，而是悖離了周遭天然的環境，一味沉湎於虛擬文化的超人（Homo hyper）形象。

我在大學開的一門課中，經常邀請身障者來到課堂中，為坐滿教室的二十幾歲年輕人做見證。有一位盲眼音樂治療師年年都來分享她的生活，她會帶她的狗來，她先生在一旁抱著小孩。當她說起她的人生是何等美好、有意義時，整個講堂寂靜無聲。她坐在那裡，顯得如此美麗、愉悅，大家都感到不可思議，對她讚佩不已。她的神情愉快，口吻真切又謙遜。她堅定地表示，無法想像自己少了身障的生活，她的身體障礙讓她和他人有了建立極富意義的情感連結。這樣的話唯獨從見證者口中說出才具說服力，如果由我轉述給別人，聽起來會像是我很希望得到一個大不幸，例如盲眼，這種感覺很不道德。我並不是讚揚身障，而是鼓勵人們和他人建立情感連結。神奇的是，這種連結常常能有效對抗悲傷和挫折。從與患者的對話中，我總是再次學到和他人維持良好關係，比我們的肉體健康和體況更為重要、更珍貴。我們從中獲取力量，使我們變得堅強、快樂。和他人在一起，我們會變得靈活、強大。有他人共同承擔痛苦，我們便能抬頭挺胸，勇渡難關。反之，比起生病、卻有良好人際關係的人，一個遠離快樂的孤寂者反而更不容易過生活。

大腦至上

許多人總是靠吃藥解煩憂，因為他們不想再有任何感受。憂鬱症患者可以靠藥物控制身體系統中的某些化學反應，對某些人來說，這種藥物的存在乃是人生一大福音。然而，人內心的糾結困頓無法完全藥到病除，我們並不完全受基因和大腦所左右，不快樂更不能歸因於受體和血清素的問題。

對於我專業領域中的神經科學，當前學界的研究讓我為之振奮。我很期待它在接下來的數十年能有更大進展，這樣我們就能更細膩、精準地對症下藥。但我也要呼籲，不要因為容易在國際上發表之故，就將所有精神病學和心理學研究都變成神經科學的研究。

微妙的心理變化過程既獨特又複雜，而且無法以統計數字證明，這方面的研究還很落後，我對此甚感憂心。這類研究難以測量，其結果也無法輕易或清楚被理解。和一位患者會面，聆聽他的故事，嘗試對他的生活進行研究，這些過程甚少被發表。也因此，這些事情在精神醫學的課程中越來越少被提及。在這個領域中重要的、主觀的和定性的處理方式被邊緣化，學界一心想讓心理學成為科學學科，它的精神交互主觀性和無法測量性因而變得岌岌可危。上述種種將會大大影響了心理學教育和心理醫生的世界觀，在短時間內即可能引起大問題。

心理學系所越來越傾向進行神經科學的研究，因為這有學術可信度。大學的預算極其有限，所以不得不對外尋求資金，比如藥廠，它們的資本雄厚，因此也有部分的話語權。對於我所描述的狀況，這無異是雪上加霜。有錢給神經科學做研究，沒錢供心理治療的論文發表或研究使用，因為沒有人想為後者這種東西掏錢。在陰暗門診室中的心理醫生沒有資格說話，或者更確切地說，他們沒有數據和醫學掃描的影像能發表來說服科學界。

等待

對於最難解、最神祕的問題，缺乏耐性的西方人只想要通俗可行的回答。有時候他們以為在心理醫生那裡就能找到答案，可是有太多我們無法企及的領域。神經科學研究對大腦的發現越多，我們所知的越少。正如同宇宙學，隨著被發現的星系數的增加，人們對其產生的疑問也越多。心理醫生不會知道你的愛是如何被激發、你的悲傷是如何運作，或是為何偏偏是某個人生病，但他會協助將情緒化為言語並空出位置給它。世界的「大腦化」有其界限，人除了有大腦，還有故事。早在我們出生之前，我們就存在於我們父母的故事和渴望之中；當我們死後，我們的故事或許也還會再流傳一段時間。一個人需要意義，他在他的存在中找尋人生的意義。在我眼中，找尋意義比追求快樂來得重要，至少比被定義為自我享樂的快樂重要。

堅持撐到事情的最糟狀況，試圖不去追根究柢，有時候反倒有治癒的效果。我們必須能夠等待。正如海德格所言：存在的本質是等待，不抱期待……雖然海德格毫不掩飾自己的親納粹言行，但是就他對存在本質的深思觀之，他仍不失為一個有意思的哲學家。

儘管某些人認為他的文字玄奧晦澀，甚至無比荒謬，但是他的許多想法仍令我深深著迷。猶太哲學家漢娜．鄂蘭和列維納斯持續不斷閱讀海德格的文章，並非毫無道理。

等待是一門困難的生活哲學，因為我們都想盡快擺脫悲傷。但是悲傷需要時間消化，時間長短難以預料，有人幾天後就能正常工

心理醫生不會知道你的愛是如何被激發、你的悲傷是如何運作，
或是為何偏偏是某個人生病，
但他會協助將情緒化為言語並空出位置給它。

作，有些人幾個月都走不出來。我總說，在候診室的時間比諮詢本身來得重要。等待時，你的思緒得以任意徘徊，而非被醫生提問或社會期待追趕、逼迫，甚或更慘，遭到汙名化。在這個層面上，我的姓氏德．瓦赫特（De Wachter，意指「等待者」）突然顯得別具意義（這種胡謅的巧合我向來很在行）。

遺憾的是，等待和給予時間不見容於藥廠贊助的大腦運作研究，「效率」已經深入社會中的各個角落。在這個高快樂指數的社會中，對於憂鬱症或其他心理疾病的處理方式亦是如此。如果你去醫學中心尋求諮詢，你會拿到一份長長的問卷調查。你的答案會透過電腦處理，幾分鐘之內，印表機就會吐出結果，你將會得到一個DSM疾病編碼。接著治療機構必須盡快制定病人的病理報告、開立診斷書並描述臨床路徑，否則你就拿不回醫療理賠金。在未來，開立診斷書的速度還得更快，因為唯有持有診斷書（印有名字和疾病編碼的一張紙），你才能得到心理諮詢的協助。如此，微小的悲傷和一般的痛苦被推入醫學的世界，用醫藥來處理。正常性縮小了，普通人的普通問題要接受診斷，並且被視為精神疾病。這根本大有問題，因為如同前述，些許不快樂本來就屬於人生的一部分。

年輕的時機之神開羅

哲學家悠可・海爾默森（Joke Hermsen）在她的著作《靜止時間》（*Stil de tijd*）中描述了古希臘人對於「時序性時間」（chronos）和「時機性時間」（kairos）的差別，前者是客觀的物理時間，後者則是主觀的心理時間。我們一直都知道這其中的差異，因為對於時間的流轉，我們有時感覺度日如年，有時感覺光陰似箭。然而，我們卻太少使用「時機性時間」的療癒性。我們讓自己的生活依一致性的「時序性時間」走，如果你工作或痊癒得不夠快速，你就會被淘汰，每個人幾乎總有時間不夠用的感覺。海爾默森寫道：「我們是單純物理時間的犧牲者。」我們處於效率的壓力下，犧牲了快樂、平衡、內在。

「時機性時間」是另一種生活節奏。你活在此刻、當下，只要你意識到這一點，你便會處在一種意識流裡，彷彿周圍的世界消失了。專注會讓你激發熱情，產生新的觀點，這些無比珍貴。這種高度的專注並非呼之即來，你需要時間靜候它的到來。因此，海爾默森呼籲我們應該擺脫「時序性時間」，去延展時間。

我贊同她的看法，但這並不表示我鼓勵大家脫離現實世界，捨棄物理時間。問題在於：我們該如何在生活中融入平靜，或是如同在跳舞時找出平衡，在快與慢之間（最好是同時）掌握節奏。遺憾的是，在這個快節奏的世界中沒有時機之神開羅（宙斯最小的兒子，裸體、英俊、年輕，但只短暫停留）的容身之處。我們全然孤獨地跳舞，被DJ瑪門[5]的魅惑節奏所催眠，直到瘋狂倒地，慘遭

5 譯註：在新約聖經中的原意是指錢欲，後來變成喜愛金錢的惡魔名稱。

盲目群眾踐踏。

醫療界也受「時序性時間」主導。因為人力和經費預算的壓力，主事者們想制定恢復期的最長容許期限，摔斷腿需要幾週、心碎需要幾週……他們認為悲傷的療癒過程能如同生理疾病。但是，認為它們能以時間表格來區分是一種錯覺。因此，將悲傷醫療化，哀悼摯愛成了一種病，反而導致了反效果，因為若是過了六個月你還走不出悲傷，那你就是有問題。醫療系統總是以過於精簡的方式來處理失去摯愛和不快樂的問題。悲傷是允許存在的，並不需要立即去除它。

作家約翰娜．史派伊（Johanna Spaey）寫過一本依字母順序排列的《寂寞小百科》（*Kleine encyclopedie van de eenzaamheid*），在W那裡，我找到了以下這段文字：

認為悲傷的療癒過程能如同生理疾病一樣，以時間表格來區分是一種錯覺。

絕望（WANHOPIGE）

「保持冷靜，繼續前進。」當一顆炸彈在英國人身旁爆炸之後，他們如是說。當你處於人生低谷，冷靜的絕望有時候是你僅剩的一切。就算你的老公離開了，你的孩子們依然得上學，也期待晚上桌上有晚餐。你的母親過世之後，你要安排教堂儀式、葬禮，還要清理她的遺物。同樣地，當深沉的寂寞向你襲來時，你的生存機制也會啟動。如常生活，情緒不要過於外顯，不要猛盯著時鐘等待時間流逝。它會緩解，你曉得的，這一時半晌還不會，但很快就會的。

除了時間，保持親近的感覺也是心理治療的一大重點。整個治療過程很長，尤其在情況惡化時，你一定要有人在旁陪伴。如果治療有限定時間，而此刻又得單獨面對，重拾快樂的機會便微乎其微。正如愛情，痛苦也無法事先預測。時間和親近是解鎖一切關鍵，可惜兩者我們都長期匱乏。

和身陷困境的人保持親近的感覺相當重要，這也是我喜歡家庭醫生的原因（也因為我的另一半是家庭醫生）。一個好的家庭醫生要懂得如何關懷、親近病人。若是喉嚨痛或咳嗽的話，首先需要喝藥草茶及休息。家庭醫生不會馬上開立抗生素的處方，因為那可能只會讓症狀加劇，他會和病人約好五天後再看診，追蹤觀察喉嚨的情況。在眾多種類的醫生中，最能直接接觸病人日常生活並提供照顧的即是家庭醫生。而對於社會存續的最重要指標——照護和教育，我們也應該表達更多的敬意，護理人員和老師可以說是提升人性的墊基石。

微笑貼圖不足以對抗悲傷

老師在言語表達上扮演一個重要的角色，因為不快樂需要語言和詞彙，談論它能為悲傷帶來意義。不過，我們發現很難做到這點，因為人們對於悲傷無言以對，但一講起其他事卻能滔滔不絕。所以，人們對於悲傷索性避而不談。發送一個微笑貼圖並不足以對抗悲傷，你必須和對方見面、必須看到你朋友眼中的淚水、必須感受到對方的心情。你必須能當面對你的朋友說出：「我需要你。」唯有真實地面對面，我們才能嘗試以言語表達悲傷的意義。在日益複雜的社會裡，簡短的推特式回答是一種挖苦、一種侮辱、一種謬誤。談話是必要的事情，但這在這個以圖像主導的社會之中並不容易。

還有青少年。根據最新的調查，他們也深感寂寞，但他們也不輕易說出悲傷。小孩必須盡早學習和他人對話，而這一切始於家庭中的良好溝通。家庭形式不拘，兩個母親或兩個父親都可以，只要這個家庭能供足夠的溫暖、情感寄託和良好溝通，就能讓孩子受益良多。

在家庭中，首先必須建立界線、規範和價值。沒有界線以及過度受寵的小孩在長大後的挫折容忍度低，也不想承擔責任。若是孩子犯錯，但父母卻從不責備他們，這只會造成他們日後的人格問題。同樣地，學校裡也要設立必要的規範和界線。老師很重要，但是教養不是他們的工作。儘管如此，老師在青少年眼裡經常是一個具有特殊意義的人物，因而能對家庭成人關係起填補作用。

我們可以在學校引導幼童思考人生重要的事，例如死亡。如此

小孩必須盡早學習和他人對話，
而這一切始於家庭中的良好溝通。

一來，它就會及早變成一個可以談論的主題。小孩其實很適合哲學式思考，他們尚未恪守社會期待的「強悍」和「堅不可摧」之理想，對各種不同的想法仍保持著開放的心態。哲學式的思考可以藉由敦·德勒根（Toon Tellegen）的動物故事《或許他們明白一切》（*Misschien wisten zij alles*）來進行：

「呃……醫生，」烏龜小心翼翼地問，「你覺得我快樂嗎？」

「這個嘛……」醫生邊說邊繞著烏龜身邊走了兩圈，然後請他翻過身躺著，空踢四條腿。接著，醫生將烏龜舉到自己的頭頂上，對著太陽。他半瞇著眼沉思，烏龜屏氣凝神。

醫生放下烏龜說：

「有一點快樂。你有一點快樂。」

「噢，」烏龜說，「那不快樂呢？」

「也有一點。兩種差不多一樣多。」

言語（閱讀、書寫、交談）必須在這個時代重新獲得重要的地位。除了哲學式思考，引領孩子進入世界並在其中學習也極其重要，不論是參觀博物館、討論或是閱讀書本……從周遭的人事物中學習當然也可以。

遺憾的是，快樂（have fun）文化也已經入侵了我們的教育。如果我們覺得哪裡不對，就必須對小孩明說，設立界線的重要就在於此。

寵溺文化在這個時代逐漸當道，所有的小孩都很優秀，做父母的全都認為自己的孩子是小天才。如果小明被留級，小明的爸媽就會找律師控告學校。請原諒我的直言，難道為人父母者不應該正色告訴孩子，是她/他自己沒有全力以赴嗎？

或者，我們是否應該建議孩子選擇實作的學程？可惜現在這種學習不受重視。人們應該重新欣賞手作的價值，而不是一窩蜂擠學術路線。我擁有全世界最美的圖書館，這個書櫃出自我一個木匠好友之手，他以愛心和無比的精確性，精心打造出這件最美的傢俱，令我讚嘆不已。在他旁邊，我覺得自己好笨拙。

悲傷是長著刺的東西

小心謹慎地描述悲傷，以言語貼近、包裹它，這些都是我們必須學習的課題。這也是提供治療／照護者所做的事，他們在對話中嘗試給予病人全新的視角，協助後者重新出發。

悲傷是長著刺的東西，正如麥克斯・波特（Max Porter）那本優美的作品《悲傷是長著刺的東西》（*Grief is the Thing with Feathers*）的書名所示。一開始，這些刺確實會刺痛人，你受了傷，感到疼痛不堪，那樣的痛楚如此劇烈，令人難以承受。於是病人來我這裡問道：「你不能去除它嗎？」很抱歉，我辦不到，而且我也不想這麼做。但是我們可以一起這麼做：以故事來包紮、療癒傷口，直到它不再刺痛，直到你幾乎能接納它。這聽起來似乎很矛盾？若是失去所愛的人，我們不會想將悲傷連同一切全部拋開，因為我們並不想忘掉那個所愛的人。我們的目的絕不是將刺切斷或是讓那東西腐爛。如果你切斷刺，留下的切斷面更是銳利；你該做的是包紮它，縱使聽起來不合常理。嚴重的暴力受害者不應該完全拋開痛苦，性侵的受害者經常會自動觸發解離狀態，他們刻意推開痛苦，什麼都不願再想起，但是身體卻會記得這些痛覺，一旦他們在日後感受到精神壓力，這些身體痛覺會立刻出現。讓病人回想起當時的痛，是我治療的目標之一。

勇於面對內在傷痛，然後透過談論它的方式將它包紮，如此重複再三，目的是避免傷口在裡面潰爛。你無法包紮往心裡吞的悲傷，因此你得讓悲傷爆發，讓血噴濺出來，才能藉著談論它賦予它意義。換言之，以言說的方式給予它意義。

如何回憶過往，即使它是痛苦的回憶，
這是我的治療目標之一。

每當我想到幫助病人回憶、想到日常哲學思考和反省之必要時，總不禁想起山姆．耶瑟林（Sam IJsseling）。最近幾年，我們兩人曾針對他的生活有過數次精彩的對話。這位荷蘭哲學家在他的書《感恩與關懷》（*Dankbaar en aandachtig*）中寫道：

貪婪，野心——我認為身為哲學家的你不可以屈服於它們。你不能被引誘去過一種最終是不符合人性的生活，換言之是一種人不應該過的生活。正因如此，古希臘羅馬的哲學家才說每個人其實都應該過哲學家的生活，因為那樣的生活之中有存在的完成。蘇格拉底也說：「未經反省的人生不值得活。」

我總喜歡揶揄耶瑟林：比起哲學，精神醫學可更有效率，因為我在工作上必須說很多話，而且對於他人的照護具體又清晰可見。他只是微笑地回應我：「也許你是對的。」他的善意肯定讓我不斷提醒自己要保持謙遜。

買張休閒活動券吧

言語之外，我們也需要寧靜，因為我們生活在一個喧囂紛擾的時代。我們的神經系統負荷過重，難以從中抽身、喘息片刻。我們認為存在就是要像陀螺般轉個不停，隨時保持警覺，總是持續在行動之中。然而，我們也理解到這種忙碌的存在對我們不是好事，所以現在「正念」和「冥想」大受歡迎。一份有科學依據的調查證明，正念是有益的。飽受壓力者獲准放下腳步、充電，以便再度往前衝。但是，如果這成為一種治療的形式，就會大大減損允許自己保有寧靜與讓時間流逝的力量。正念有時被誤用為能增強表現的小技巧，有時以令人不快的形式出現。於是，一位主管在參加了一次公司付費的週末打坐課程（在那裡，打破寂靜的唯一聲響只有敲擊小球的悅耳聲）之後，重新獲得了在星期一早上宣布一波集體裁員的能量。

這並不表示我不推薦正念給患者，至少它不會將不快樂的人視為生病或不正常，因為他／她不是如此。只是，悲傷不需要痊癒。

正念、打坐、冥想課程，我都不反對。但更好的方式是，我們在日常生活中就不時保有寧靜。有時候坐下小憩、什麼都不做、沒有計畫、獨自一人，如同海德格所言，沒有目標。我想允許自己獨坐在我的花園裡，享受小確幸。

我們必須為如雲霄飛車般的生活按下暫停鍵。遺憾的是，在這個數位時代，小孩和成人整天都被迫忙個不停。也許，我們害怕無聊是因為面對「靜」令我們聯想到生命的終點？這就不對了。無聊

也許，我們害怕無聊是因為面對「靜」
令我們聯想到生命的終點？

能產生創意並引發深刻的思考。我請求大家，度假時放下手機，用餐時將手機開啟飛航模式，和數位科技短暫脫鉤。

源自古老東方靈修的正念大獲成功，說來也是個怪現象。我們在幾十年前先是捨棄了自己的宗教儀式，轉而擁抱一個遙遠陌生的宗教傳統；隨著基督教傳統的式微，我們同時揚棄了神祕、靈性和人生意義。但在人的心靈深處卻又有追求意義的需求，否則就會有心靈空虛的危險，所以現在我們便以正念來填補這個心靈的空洞。正念也被稱為「西方佛學」，美國的宗教導師如今反過來指引中國人和日本人了，這個世界就是如此令人啼笑皆非。

在所有文化中，儀式都是人生重要時刻（結婚、葬禮……）的時間提示器，尋找新的儀式對於接下來的世世代代是一項挑戰。我們千萬不可以捨棄自己的歷史。我們當然可以批評教會的組織架構，不過我覺得在意義追尋上，我們應該給予它的兩千年歷史一個地位。我們不應該切斷自己的根源，而是要看看哪些東西仍適用於今日。新的意義儀式已經存在，只是經常需要我們去找出令人滿意的形式。

我常常覺得教堂深具美感，我首先能感受到教堂的牆內有一種特殊含義的悠長歷史。位於法國佛日山脈，由建築師柯比意（Le Corbusier）所設計建造的廊香教堂（Chapel of Notre Dame du Haut），是我心目中最美的教堂之一。柯比意是個不按理出牌的無神論者，卻打造了一座雕塑造型的教堂，也是現代建築的經典。我們在宗教的傳統中找不到世俗的意義嗎？我不相信，我比較相信波浪之下仍有潺潺流淌、饒富意義的暗潮，文化在那裡面不會被銷毀。當然，不是人人都必須以傳統的方式在教堂結婚，但是在人生的關鍵時刻什麼都不做，我也覺得不可思議。我認為，親人和朋友在場見證神聖關係的承諾對新人而言，是一個美好的基礎。

和悲傷相處

另一個人生的重要時刻——死亡，目前的趨勢似乎是避而不談，我們不知道如何面對失去至親好友的悲傷。如今死亡被醫療化，死亡不屬於活躍人士的成功人生的一部分。就在幾十年前，葬禮仍以死亡本身為主體：所愛的人從俗世解脫、回歸塵土。當時的人仍認為自己不過是宇宙中微不足道的一絲塵屑，在死神之前，人人平等。葬禮以一種固定儀式進行，人人相同；葬禮結束之後，大家只是喝咖啡，吃個簡單的夾餡麵包。現今的葬禮不然，葬禮中會以投影片輪播逝者的歡樂時刻，還有接二連三的成功事跡，在一個獨立個體的葬禮上，會以慶祝的方式重現他的一生。在那之後，眾人在城堡內舉杯飲酒，這讓人忍不住萌生出好像在參加慶祝活動的錯覺。我不是說安排這種形式葬禮的人不夠真心誠意，不過若是死亡被如此商業化，實在算不上是好的演化。

此外，哀悼也經常被視為門內自家事，這個時代還不允許你悲傷太久。偏偏悼念逝者至關重要，我們應該陪伴逝者的親人並且給予協助，而且不單單在葬禮當天，而是持續在之後幾星期、幾個月。死亡和生活密不可分，我們必須談論它。關於死亡的對話有時候可能會讓人感到非常不舒服，卻能有效建立情感連結。

對比許多我的同代人，我並不特別強烈反對我所成長的天主教氛圍。我自幼住在外祖父母留給母親的房子裡，母親的兄弟們經常來訪。其中一位舅舅是在學校任教的修士，他每個星期天來我家吃飯，

悼念逝者至關重要，
我們應該給予哀悼者更多協助。

順道拿換洗衣服請我母親幫忙洗滌。另一位舅舅在剛果傳教，每五年來我家拜訪一次。他們都是親切和善的人。我每星期上教堂，覺得那是再自然不過的事，從未多做聯想。

我的一個叔公是教堂司事，他認為身為最年長孫輩的我應該繼承他的衣缽，但是我的母親不以為然，她覺得家庭重要多了，這是她對快樂人生的定義。

有時，當我作為心理醫師談論我們社會的種種時，有人會戲稱我為「神父」。我覺得這不好笑，聽起來彷彿我是怪胎，不屬於這個時代。不過，我其實一點也不排斥神父，我從小就和神職人員相處，他們帶給我很多的美好、良善。

如今，我已經不再上教堂，或者應該說我不那麼虔誠。我稱自己為基督式無神論者，這個怪異的名稱來自我之前提到的哲學家阿波斯特。一個無神論者給予神一個尊崇的地位，正如史賓諾莎所為，它涉及自然、無法言說的宇宙，某種讓我變得渺小虛無的東西。那麼為什麼我稱自己為基督式無神論者?因為如此一個悠長、充滿價值的基督教傳統，蘊含著承諾、靈性，當然也有藝術，我不想丟棄它。

我們無法重回舊時光，也沒有必要，從前並沒有比較好。然而，在意義和情感連結的層面上，宗教在這幾十年間快速世俗化，只帶來了大量多餘的無用之物。舊有的傳統被過度商業炒作。以耶誕節為例，即將臨盆的女人遭社會孤立，只能在馬廄分娩的古老故事，現今社會對此隻字不提。我們購買昂貴的禮物過節，在報章媒體推出的節慶特刊和贈禮建議的推波助瀾下，我們必須花更多錢消費。商業化帶來的逐利性，讓耶誕節變得日益物質化，大家爭相較量誰買的禮物貴重。我們能不能冷靜點？難道我們不該再度對那些連生活基本條件都無法滿足的弱勢者伸出援手嗎？耶誕節能不能讓我們重新思考，我們能為一無所有的人做些什麼？要平心靜氣地寫這些話並不容易，我也察覺了。很抱歉，不過我不想只是不著邊際地挖苦一下，那樣做也太輕鬆了。

碰觸

有時候，對方的悲傷過於巨大、深沉，我們問不出問題，也無法進行對話。我們束手無策。這種情況下，我們只要緊緊抱住對方就好，這也是心理醫生給的建議。然而，我們通常只會在一旁露出尷尬的笑容。我講真的，我們的確太少緊緊擁抱彼此了。

事實上，由於人腦很大，人類可以說是「早產兒」。相較於其他哺乳動物，我們需要長時間的外力協助才能學會獨立。終其一生，我們都在追求子宮內的舒適與庇護，渴求一種受保護的溫暖。但是在我們生活的這個社會，碰觸對方不是習以為常的行為。少數的例外是參加嘉年華或看足球賽的時候，畢竟那時有酒精的催化。

然而，在我們需要肢體接觸來緩解痛苦時偏偏不可得。如果我們能夠教導孩子以尊重的方式和他人進行肢體接觸，即可避免許多痛苦。這絕對是 MeToo 時代一個重要的運作點，我深信許多 MeToo 性騷擾者有人際關係依附的問題。對於童年時代的情感依附，我認為再怎麼重視都不為過。在一個安全的家庭（不見得一定是平均來說一父一母和一．六個小孩的家庭）環境中接受溫暖、充滿愛的教養，對孩童絕對是不可或缺的。

我們必須持續關懷我們的小孩，而這也包括碰觸。不過，這個時代的幼教老師可不能輕易去擁抱小孩。肢體接觸是有療癒性的，卻不被允許，怎麼不叫人擔憂？

如果我們教導我們的孩子以尊重的方式和他人進行肢體接觸，即能避免許多痛苦。

持久的高潮

叔本華主張人生的本質就是不快樂，因為人總是不滿足，畢生都在為了尋求滿足（欲望、飢餓及口渴）而活。然而永無終點的滿足，必然帶來永不停息的痛苦和煩惱。只有在追尋的間隙中稍許得到了滿足，才會出現短暫的快樂。叔本華將對人生痛苦的拯救，寄託於對美的沉思和對人的同情。例如欣賞藝術時，我們可以暫時忘卻煩惱。他說得沒錯，人生很難，有時活著甚至是一種責任，但藝術可以給予我們慰藉。指揮家菲利浦．赫爾維格（Philippe Herreweghe）帶領他的學院合唱團，撫慰了數千人的心靈。他就是我的心理醫師，有次我曾這麼說。在藝術中，我經常能找到平靜以及一種「根基」。藝術成了「意義」。教堂門可羅雀，音樂會則是人潮洶湧。哲學也有相同療效，即使是叔本華的悲觀哲學也能撫慰人心。法國作家米榭・韋勒貝克（Michel Houellebecq）認為人生就是受苦，他的第一本小說《抗爭的延伸》（*Extension du domaine de la lutte*）深受叔本華的哲學思想影響。「……就我所知，從未有一個哲學家能在首次閱讀他時就讓人如此舒適愉悅。」他在《在叔本華面前》（*En présence de Schopenhauer*）中如此寫道，維持他一貫的挑釁口吻。他還引述尼采的話：「叔本華的確放大了生活樂趣，才能讓人在這個世界活下去。」

此外，我雖然不同意生活只是無止盡的淚水，但這不表示它就是持久的高潮。對多數人而言，生活是兩者的混合體。擁抱不快樂，不是為了讚揚或過度誇大它，而是勇敢接納它就是人生旅程的一部分，我覺得這才是正確的態度。事實上，表面上相反的兩種東西常常形成奇妙的平衡。責任和快樂並不相違背，道德和享樂也不

我雖然不同意生活只是無止盡的淚水，
但這不表示它就是持久的高潮。

是天秤的兩極。就我保守地推測，道德（意指美好生活）始於想要持續維持享樂的不可能性，而對享樂的狂熱追求毀滅了它自己的目標。羅馬尼亞哲學家蕭沆（Emil Cioran）說得中肯：「我想追求完美的合宜適中，幸好我知道我不會成功。」對他而言，烏托邦會導致基本教義主義和極權恐怖，註定要失敗。這位懷疑論者還寫了《誕生之不便》（*De l'inconvénient d'être né*），不過他也說過，不希望這本書被過度解讀。

不快樂能製造快樂

即使有以上這一切人生即痛苦的說法，你依然感到快樂？這當然是好事，不過千萬別變成自顧自享樂。在一個溫暖的社會裡，你應該盡一己之力去幫助其他沒那麼幸運的人，有時候只要在旁守候，有時候實際投入。如此，你也會面臨悲傷與不幸，並且允許不快樂進入你的生活。

允許不快樂，無論是自己的或他人的，至少能讓你更有人性，關懷他人能帶來滿足感，並深化彼此的關係。快樂會自你心中油然而生，倘若你能信賴周圍的人所提供的幫助，在艱難時刻，你的恢復力會變大。同樣地，幫助他人也能使你更堅強。生活中的挫折令

允許不快樂，至少能讓你更有人性，
關懷他人能帶來滿足感，並且深化彼此的關係。

人不快樂，同時也能製造快樂，它們可以促成情感連結並且產生意義。

在荷蘭作家傑哈特・賀佛（Gerard Reve）的小說《夜晚》（*De avonden*）結尾處，主角凡・艾何特斯以幾句話總結了他的生活：「它被看見了，並非一直沒人到注意它。」我想，潛藏在人內心深處的需求就是被注意，不是臉書上有許多朋友，而是小範圍的真實人際圈。

和周遭環境的連結、關心與被關心，能以一種最根本的方式帶給我們快樂。人其實是相當群體性並且想要尋求連結的生物，但在這個「超我」的社會裡，這些都被壓抑下去了。在自我與他人之間的平衡遭到破壞，而事實上我們非常需要他人，才能過日子。

不過，社會趨勢不是這個走向。保羅．維哈赫在《親密關係》中寫道：「為了能夠愛別人，我必須在自己內心感到舒適。我們徹底遠離了自己可以成為的人或事物，導致我們感到越來越不舒服、比較常生病或有更多問題，這也難怪要走向他人變得越來越難。」

沙特說「他人即地獄」。我認為應該是「缺乏他人即地獄」，尤其在困頓灰暗的日子裡。我承認我對於沙特說法的解讀過於粗淺，不過，我認為麻煩的同伴還是勝過孤單一人承受痛苦。

現代社會帶來疏離與孤寂，在許多方面，它都是一個匿名的、以自我為中心的世界。有時，我們會不禁緬懷過去人際關係較緊密的小團體生活。但是法國哲學家尚—路克·南希（Jean-Luc Nancy）卻認為這種渴求（有時候也成為政治訴求）是錯誤的，這種和諧美好的生活從未存在過。現代社會是由彼此差異性極大的眾多個人所組成，同一套標準不見得人人適用，而且這些差異恰恰是個人特色。渴求具備一個社會認同的小團體生活就是渴求封閉自己，我們無法以一個沒有個人差異的透明共居生活來解決現代社會的疏離。在和他人產生連結的同時，你也開放自己。每一個個體都重要，因為他參與、創造了存在的意義。即使你因他人而存在，這一點也必須在一個「給予個人位置、好讓他人有權利」的社會中才能發生。

脆弱

我相當推崇列維納斯所說的「小善意」，這是一種發生在兩個人之間的參與行為。其中一人滿懷尊重、甚至謙卑地去幫助另一個人，這是十分具體的一件事，因為前者明白他有機會伸出援手。奇特的是，列維納斯不將這種幫助視為同情，因為生出同情意味著理解對方的情況。這太輕慢人了，因為你並不認識他。這是個獨特的行動。列維納斯認為，你必須將對方當作素昧平生的陌生人，我們不能事先認識他。

在心理諮商的專業領域上，不以施惠者之姿對待求助者也是至關重要的事。我以誠敬相待：「我能為您做什麼嗎？」因為對方來找我，對他而言必然是了不起的突破。若是心理諮商者顯露出屈尊俯就的態度，會讓求助者帶來後遺症，唯有認真看待求助者並讚賞他的勇氣，他的療癒機制才能啟動。他顯示出他的脆弱，這很重要。敏感是共同生活的一大條件，因此也是每個人必須擁有的重要才能。

冷硬派社會文化當道的今天，脆弱難以露臉。高度敏感現在成為一種議題，有人寫書、有人投入金錢研究它，它似乎已經變成了一個（棘手的）問題。

高度敏感者不時受到周遭人的排擠，嘲諷他們需要「使用說明書」，是難搞的一群人，總要別人配合他們。然而，問題真的出在高敏者身上嗎？真的沒有時間讓這個世界進行調適並慢下腳步嗎？我們要好好珍惜這些心思敏銳的人，因為他們注意到他人。低敏者才是製造大問題的人。社會中日益增加的無感是一個驚心的事實，少了脆弱與敏感，我們的社會將會無以為繼。敏感使我們看到他人、關心他人。當我們感到脆弱時，我們自能放心期待周圍有著敏感的靈魂。脆弱與敏感也能激發創意的生成。

在行為藝術家瑪莉娜・阿布拉莫維奇（Marina Abramović）的作品中，情緒扮演極為重要的角色。她曾在紐約現代藝術博物館（MoMa）中，每天動也不動地坐在椅子上八小時，中間不離開座位，日復一日，持續三個月之久。每天有無數人大排長龍，等著坐上她對面的椅子，與她對望，而且不限時間長短。一場與陌生人的

少了脆弱與敏感，
我們的社會無以為繼。

無聲對話就此展開，這彷彿是列維納斯的「面對面」之藝術化，雖然他可能會對其媒體化、劇場化不以為然。在一次訪談中，阿布拉莫維奇說她經常熱淚盈眶。「情緒有如火山爆發般直往上衝，因為我們都寂寞。我們都曾失去某人，我們都害怕死亡。」

活動期間有一個令人難忘的小插曲：曾和她共同從事表演藝術多年的前男友突然現身，在她面前坐下。在兩位參與者的替換空檔，她總會閉上雙眼，低下頭。當她抬起頭看到舊愛時詫異萬分，接著嘴角揚起一抹微笑，眼淚隨之滑落臉頰。過往的愛情仍能如此觸動心扉，顯現他人對我們是如此重要。這支影片有數百萬觀看次數。我也覺得它很美、很動容，不過我擔心它之所以大受歡迎，也是因為它以誇大手法表現了當今圖像文化下人際互動的不足。我們噙著眼淚看影片，之後卻忘記擁抱我們的摯愛。

《上午10點，當你來找我》

法裔美籍藝術家路易絲・布爾喬亞（Louise Bourgeois）的作品也以情感為出發點，再從內部體現身體的物質性。她的創作主題就是各種情緒，以她自己的說法是情緒「太多了」。在進行雕塑創作時，她可以消解內在的負面能量和憤怒，然後變成一個「比較好的人」。「我將恨化為愛。」她這麼說。

《上午10點，當你來找我》（*10 am is When You Come to Me*）是她二〇〇六年的作品。它由二十張手繪的樂譜組成，描繪了布爾喬亞的手和她助手傑瑞・高羅維（Jerry Gorovoy）的手。一雙雙紅色的手，渴望彼此觸摸或交纏，彷彿在希望和絕望中起舞。《上午

10點，當你來找我》指的是助手傑瑞抵達位於布魯克林的布爾喬亞工作室、開始兩人一天工作的時刻。傑瑞是布爾喬亞長達三十年的助手及精神支柱，她曾如此描述傑瑞：「當我身處井底，環顧四周，問著誰能來救我。這時傑瑞來了，他垂下一根繩子，我用繩子將自己綁住，他再把我拉上去。」在這件作品中，她展現自己的手每天都渴求握住對方的手。終其一生，布爾喬亞飽受恐懼、憤怒、失眠和夢魘之苦，這主要源自她和她父親的愛恨關係以及她父親的死亡。交纏的手也是布爾喬亞繪畫的主題。在一次訪談中，她說那表示我們使用兩雙手交錯搭出一張「小椅子」，在沒有擔架時可以用它來運送傷患。作品表達了患難與共、不離不棄作為對抗悲傷和痛苦的利器。知道有人能將你自井底救出是很重要的事，看見脆弱並且尊重它。你的人生有了意義，因為你看見他人。

藝術（不論是音樂、舞蹈、雕塑或文學）能觸及我們更深沈的、未知的層面，因而格外重要。我也認為它總能以某種方式碰觸人內心的陰暗面、那些隱藏的悲傷。對我而言，藝術及文化不是蛋糕上的櫻桃，它們是基底，是基礎，是社會連結、認同和福祉的根基。

幾年前，我和另一半去參觀位於美國舊金山、傳奇的保羅·安格利姆畫廊（Paule Anglim Gallery），館藏以「垮世代」（Beat Generation）的藝術品著稱，涵括非主流藝術及觀念藝術作品，令我嘆為觀止。這個畫廊擁有其他畫廊艷羨不已的蒐藏品。我們興味盎然地觀賞著，接著和畫廊經理聊了起來。當他得知我的職業時，便想將我介紹給他的母親，也就是傳奇人物保羅·安格利姆本人。顯然在加州的藝術圈子裡，心理醫師還享有特別的地位。我們和那位令人印象深刻的女士喝咖啡，她很可能已經九十歲了（她說她不想和我們分享她的出生年月日），卻是一個醫美的活廣告。她說的故事讓人嘖嘖稱奇，她的朋友圈幾乎囊括所有偉大的美國戰後藝術家，她也一直是布爾喬亞最好的朋友。這次歷史性相遇的巔峰是她向我們展示她私人珍藏的布爾喬亞的作品。可想而知，我對這些作品的興趣更大。道別的氣氛溫馨感人，美國人很神奇，和你相處一個下午就能給你彷彿相識多年的感覺。不過，最後我們什麼藝術品也沒買，看得出她有些失望，可是那些真品當時的價格已經足以讓人購入一間美麗的套房。

第三部

意義……

他人的快樂

可以說我是一個快樂的人，但是這快樂不是我自己造就的。我有機會在對的時間點，出生在對的國家。我有悉心照顧我的父母，我有足夠的金錢，我摯愛的人和我的孩子讓我感到富足。我當然還是有一點不快樂，不過我總要自己記住所擁有的許多快樂。

在聯合國的年度快樂指數調查中，比利時人拿到將近七分（滿分十分）的平均分數，這是一項榮譽。然而，和這個漂亮數字形成強烈對比的，卻是需要接受精神治療的候診名單越來越長。越來越多孩子服用心理治療的藥物，百分之六十至七十的老年人需要服用安眠藥或鎮定劑。這是否因為我們期待看到的是有別於他們原有的模樣，也就是比較快樂的模樣？無論如何，這種情形令人不安。

你不需要非得衡量快樂不可，你就只要快樂就行了。滿足地過生活就有它的意義。我們不需要拚命追求快樂，否則社會將會被一分為二：贏家和輸家。

脫軌失序的自我享樂型的快樂，終將導致空洞虛無。只專注於己利，恣意從不完美且經常不公義的社會抽身而出，所產生的快樂感是不道德的。那是一種篡奪而來的快樂，是靠犧牲他人的利益而獲得，藉由權勢和操弄而得逞。但這也不表示留下來體會社會的不公不義能帶來快樂，這不過說明了「不快樂」為美好生活之必要。接納他人的脆弱並伸出援手，於是這個不快樂轉變為一種有意義的行動，成為快樂的關鍵基礎。這是人類存在的眾多奇特矛盾之一：唯有對不公平和不快樂感同身受才能找到持久的快樂——以意義和

你不需要非得衡量快樂不可，你就只要快樂就行了。滿足地過生活就有它的意義。

關照的形態出現的快樂。

沙特說，人唯有參與其中方能成為人。法國人權鬥士史蒂芬．黑塞爾（Stéphane Hessel）也在他寫的小冊子《憤怒吧！》（*Indignez-vous*）、《參與吧！》（*Engagez-vous*）和《希望之路》（*Le Chemin de l'espérance*）中大聲疾呼非暴力的參與和團結。黑塞爾是納粹集中營的少數倖存者之一，他在二戰之後以法國外交官身分參與起草〈世界人權宣言〉。他在步入九十高齡之後依然致力於鼓舞、影響許多年輕人。他呼籲人們要起身反抗各種不公不義，也深信人人都能貢獻一己之力。在《希望之路》中，他提出了改善世界的可能辦法。積極投入、不逃避問題和不幸，這就是最重要的使命。我非常認同黑塞爾。閉上眼睛說：「我不需要知道這一切，我不想和它扯上關係。」這並不是正確的生活態度。我們偶然來到這個世界，自動和它產生關聯。如果我們對他人的困難視而不見，社會將會變得痛苦。我不相信詛咒是解方，沉溺於毒品、享樂文化或躲在貧民區的豪宅高牆內也不是。在社會中劃清界線、排擠他人會造成毀滅性的後果，唯有彈性、具穿透力的界線，才能讓體制存活，也才能和周圍環境建立情感連結，對個人、對社會皆是如此。如果界線嚴格受限，內部就會變得衰弱。就像壓抑的悲傷逐漸發酵，使人生病，世界上被漠視、遮蔽的苦難逐漸潰爛。

在社會中劃清界線，將他人排除在外，
會造成毀滅性的後果。

「好人」

我並不天真，也知道不是所有的藩籬都能輕易打破，我們當然得預先做好妥善的安排。然而，難民潮湧入我們福利社會那猶如世界末日的景象，我不認為是「拯救」他們。

大家稱呼這些絕望的人為「尋找幸福的人」（glukzoekers），好一個尖酸貶抑的詞彙。這當中有許多人是戰爭受害者，我們卻很少如此稱呼他們。我們被移民和難民潮「沖走」理智，威脅性和負面的意涵屢見不鮮。語言很重要。我們所說的語言表達了我們對自己所居住的世界的體驗，我們說話的方式透露了我們的視界。關於語言所造成的影響，我們思索的太少。

好消息是，參與世界可以帶來快樂。例如，援助難民的公民論壇就將〈世界人權宣言〉化為實際行動，去幫助難民。它呼籲民眾提供難民一晚住宿，同時希望難民講一個「美好的分享經驗」作為回報。在一個部落格上有見證者分享：「我們家庭的心變得更大了，這是一個我們從未預料到的禮物。你得到你所給予的，甚至還更多。」這是矯情嗎？我還被允許喜歡「好人」勝於「壞人」嗎？在這個嘲笑憐憫心並將偽理性的自我享樂視為唯一真理的時代，這是一個令人不快的標誌。

不過，我並不悲觀。我見到四處都有年輕人積極投入，可能是減緩氣候變遷行動，也可能是改善社會的行動，或是兩者都有。人們尋找其他的共同生活模式，情感連結也再次成為其中的重心。我們尋找共生共存之道，生活主軸即為發揮人道的同理心。這也是矯情或胡鬧嗎？我不這麼認為。

慢下來

荷蘭詩人安東・柯特維（Anton Korteweg）的溫和諷刺給予我們一種怪異、幾乎不舒服的感覺，詩人稱之為「舒適的不快樂」。

將你的快樂慢下來。當你感到快樂時（我祝福你如此！），也設法為別人做些什麼。嘗試去促成、貼近他人的快樂，這將使你更加快樂。

內涵和意義是美好生活的關鍵，這不是我想到的，但這同樣適用於工作，現代西方人生活中的一個要項。多數人過勞，認為工作內容無趣，或是鮮少欣賞自己的工作。這和工作壓力或加班無關，問題主要在於缺乏意義。主管在此能扮演一個重要角色，他可以在場、聆聽、表達理解，簡言之即給予意義。在這層意義上，感恩和彼此關心也十分重要。

感恩最好不要透過附上拇指朝上的電子郵件來傳達，而是要真實地面對面。慶幸的是，這在此地時有所見。

如此說來，快樂又是值得我們推崇、追求的，我是否得重新思索我的觀點？你可以將快樂做為人生目標，甚至可以說你必須這麼做！下次當我說「生日快樂！」「新年快樂！」「祝你新工作快樂！」「結婚快樂！」的時候，我可是認真的，因為我的意思是：透過關心他人得到快樂。也許本書書名應該取為「快樂的藝術」才對。

將追求快樂當作人生目標是個謬誤，反之，追求生活的內涵與意義才是生命的真諦。廣義地發揮「意義」這個詞彙，嘗試關心他人，能讓人萌生出滿足、甚至愉悅的感覺，這是一種根本的快樂感。因此，這種對他人不幸的洞察並非全然的利他行為，自己也會隨之變得越來越好。

將追求快樂當作人生目標是個謬誤，
反之，追求生活的內涵與意義才是生命的真諦。

心理醫師

如果將我當助理的時間也算進去，我從事心理諮商工作、嘗試協助他人已經將近三十五年。我依然覺得這個專業對我充滿吸引力，但是許多人對此大感不解。他們認為每天被迫聆聽那些痛苦悲慘的事只會令人難過、沮喪。確實，我有同儕因此被觸動了敏感神經，而且有時候，醫院強制性的管理結構甚至比患者的悲傷更具殺傷力。更糟的是，有些同儕變得尖酸刻薄，藉以掩飾自己內心的脆弱。他們使用貶抑的詞彙來評論患者，然後簡單地以世人普遍的認知下結論：心理脆弱者只能靠藥物治療，或者說得更嚴重，患者的問題是自找的，只能自己解決。

在這個講求速成結果以及張揚成效而處處充滿媒介的世界，精神病學是一門處境困難的學問。人是一種錯綜複雜的個體，因此人生的解決之道往往十分繁瑣，永遠無法十全十美。患者在一次門診會談之後，拿到一份正確的處方後就獲得他想要的內在平衡，這種情況並不多見。更多時候是一種在大腦和責任之間小心翼翼的探索，時起時落，朝著未知的存在之路前進。有的人極度脆弱，需要持續不斷的幫助；我已經陪伴了某些患者數十年，就是為了協助他們走下去。這些會面經常給我一種難以言喻的使命感。在照護一個長期患者時，對比健保照護系統經常展現出的英雄式介入，提供援助者所獲得的是不同的滿足感。謹守分際地貼近，帶出彼此的價值，一起感到無能為力，卻不放棄希望，這種種一切都讓我覺得非常貼近列維納斯所指的「和他者目光的交會」。從事這種將理論付諸行動的工作對我而言是一種特權。

你放心，就算是我，也有心累的時候，有時候我也會找不到意義，有時候我也渴望有清楚的解方和明確的答案，這時我便十分慶幸我周圍有美好的人際連結。

我對快樂的想法並不新鮮，畢竟沒寫過關於快樂的哲學家還真是屈指可數，因此我想在本書中列舉幾位我的最愛。

幾個月前，我們拜訪了當時住在哥本哈根的女兒。我們全家一起沿著市區美麗的水道散步，時值初春，陽光普照，我心中幸福感洋溢。我們走進一座墓園參觀，我向來喜歡在墓碑之間漫走。墓園內萬籟俱寂，逝者散發出靜謐的光芒。我們在那裡偶然發現了丹麥哲學家齊克果的墓地，因而勾起我對這位另類哲學家的好奇心。返家之後，我重讀了《非此即彼》，這位存在主義之父的經典鉅作。

不出所料。早在自拍和臉書自戀風氣盛行之前的十九世紀，齊克果就對快樂的狂熱追求有十分精確的描述：

「可惜的是，快樂之門並不是朝內開的，門外的人只能靠蠻力將它撞開；快樂之門是朝外開的，因此我們無計可施。」

對於人能自創快樂的謬論，齊克果表達了批判性的看法。他提出的看法、矛盾和懷疑，在今日觀之毫不過時。

「……以這種方式費盡力氣和勇氣，成為自己快樂的神，是的，想成為自己的神，是一種錯覺……」

「然而，我會這麼說：最不快樂的人是最快樂的人，因為偏偏就是快樂這樣東西是沒人能送給自己的。你看，言語破碎、思緒混亂，快樂的人究竟和不快樂的人有何不同？不快樂的人和快樂的人有何不同？還有，生活和絕望有何不同？」

快樂無法由自己攫取，生活並不美好，這些並未使齊克果陷入任憑命運擺布的被動狀態。反之，他深信人有意志並且能做出選擇。這個意志形塑了真實的「自己」，即人的自我。

「但，那是什麼？我的自我？如果要說我第一眼看到它的印象，我會這麼說：那是所有一切中最抽象的，卻同時也是所有一切中最具體的。那就是自由。」

齊克果認為，在自由中為你的自我做出選擇並非只想到自己。在《非此即彼》中，一個法官寫信給一個年輕的美學家，他警告那位年輕人不要再遊走於道德邊緣，而是要做出人生的選擇。他鼓勵年輕人承擔起自己的義務，即對歷史和社會的倫理責任，年輕美學家必須「為自己做選擇」。齊克果認為這和自身利益無關，而是要嚴肅認真地看待自己並且成為某種人。

基於人的生活乃是無可避免的快樂和苦痛的交織，齊克果懇求人們要真心誠意接納一種工作、一種責任。這些觀點之後為列維納斯所採用，納入他的「他者」哲學中。

扼要的說，齊克果的呼籲就是：讓不快樂、不公義成為參與的動力。**憤怒吧！參與吧！**（Indignez vous, engagez vous）

蒙田的高蹺

說到美好生活，就不能不提十六世紀的法國貴族蒙田的懷疑論思想。有人稱蒙田為第一個「現代人」，他是第一個將自我反思化為文字的人文主義作家，這些文章在數世紀後的今天依然適用。在面對挫折、痛苦時，他大量使用古希臘羅馬哲學的智慧，並且嘗試在伊比鳩魯學派與斯多噶學派之間取得一種巧妙的平衡。於根特大學教授法國文學的亞歷山大．羅瑟（Alexander Roose）在他那本《快樂的智慧》（*De vrolijke wijsheid*）中對此有清楚的剖析。不過，蒙田最特別的貢獻是珍視平凡事物的價值所在。他厭惡某些學者充滿惟智主義的自負言論，他呼籲人和世界進行實際交流，其中的核心理念為謙遜和參與。

我在此節錄他的〈論經驗〉（出自《隨筆集》）中的一段話：「我們的使命是生活得當，而非撰寫書籍；是在我們從事的行為中獲取心靈平靜，而非馳騁沙場、攻城掠地。富含意義的生活才我們最值得自傲的傑作。」對於傲慢，沒有什麼比他那簡樸通俗卻擲地有聲的批評更適用於這個成就至上的時代了：「我們踩高蹺是白費力氣，因為在高蹺上也得靠自己的腿走路；要坐上世界最高的寶座也只能靠自己的屁股。」但他同時也批評過度謙卑，並靈活地穿梭在狂熱和平等的懸崖之間。

值得注意的還有蒙田對友誼的看重，他認為那是對抗寂寞的必要力量：「社群生活也在友誼中達到高點並臻至圓滿。」（出自《隨筆集》中的〈論友誼〉）。

「我不是哲學家。」蒙田如此寫道。我也不是，而且還差得更遠，但是我也欣賞偉大的思想家，蒙田的自我探索和自我批評已經融入了他的日常生活中。出於對蒙田的好奇和驚嘆，加上平日也受到患者及其家人的故事啟發，因此我也嘗試追隨著他的腳步。

山姆．艾瑟林告訴我，有時他覺得更久遠之前的古希臘哲人們很有先見之明。當我們拿起亞里斯多德在兩千三百五十年前寫的《倫理學》（*Ethics*）時，就會明白艾瑟林說得一點也沒錯：

我們如此認為：一個真正良善、理智的人能承受命運的變化多端，並能利用既有條件做出最高尚的行為，正如一個優秀的將領能以最英明的策略指揮他的軍隊，一個鞋匠能以他擁有的皮革製出最美的鞋。這也適用於所有其他的專家和工匠。倘若如此，一個快樂的人永遠不會陷入深沉的不快樂。

亞里斯多德試圖尋找獲取快樂之道。他的結論是，人不會莫名快樂，但若他過著「好生活」就可以。換句話說：只要他行事公正、理智，並且為人和善、慷慨、勇敢，他自然會生出快樂。

現今的情況並無兩樣。然而，在這個過熱的時代、冷酷的社會中，我們必須再度提倡亞里士多德的觀點。研究顯示，樂觀的人比較長壽。端粒（telomere）是染色體末端的DNA重複序列，隨著年齡增長，人體的端粒會自然縮短。端粒長度可以說是預期壽命的一種指標。如果人長期處於壓力，端粒縮短的速度會變快。這有科學依據，因此現代醫學研究可以證明古希臘人是對的。如此說來，我們或許應該活得更開心一點？當然，不過（絕無反諷意味）能夠接受一點不快樂卻也是生命的真實天賦。

存在的意義在於令他人快樂，而這個意義同時也是我們存在的基礎。我們是經由一連串的偶發事件被拋擲到這個地球上，而我們唯一能做的，就是去做有意義的事。

現在結束了，那清水，那紅酒。

我們曾經支離破碎，現在我們走到邊界。

李歐納・柯恩（《約定》，二〇一六年）

後記

對海平面不斷升高恐慌不已、搭飛機時羞愧萬分、吃來自肯亞的豌豆時內疚難安，這些全是我們今天不得不接受的宿命。來自世界各地年輕氣候抗議者的示威浪潮風起雲湧，人人都無法置身事外。德・克拉爾（Joël De Ceulaer），一位法蘭德斯的記者，在二〇一九年二月二十二日的《晨報》（*De Morgen*）上發表了一封公開信給我。在信中，他以反諷的口吻描述了上述情況，並且診斷自己得了「氣候憂鬱症」：

「在這個新自由主義的地獄中，我所使用、消耗的一切，一次又一次帶給我有如掐喉般的恐懼。我現在無時無刻不苦於汞中毒的驚嚇、飛行的傷悲、美食的焦慮、牛排的懊悔、塑膠的恐慌、極地冰冠的偏執與汽車的厭倦。而計時器持續滴答作響。」

他覺得難受，因為他「處在人生最黑暗的時刻，我詛咒我被生出來的那個日子」。德．克拉爾如此為他的信作結：「現在，我想請教醫生您的問題是：不快樂仍然屬於人生的一部分嗎？還是說，我可以超然物外，然後去您家的沙發上輕鬆躺下？」

我很樂意藉著這個機會也寫一封信給您以及其他有同樣困擾的人作為我的答覆。

親愛的讀者，

您的感受深深觸動了我。因為，您將一種相當普遍的症狀做了相當生動的描述。做出診斷結果不難，畢竟我已經從事這行多年了。

別擔心，您沒有生病。您無非就是受到良心的譴責，而且明顯嚇壞了。這是再正常不過的。或許我們今天的社會會認為有良知是有問題，甚至是一種病，但我卻認為這是好事。（如果這個人還是記者，那肯定更好，因為我們亟需有良知的記者。）良知帶來痛苦，我理解，不過您如此關注氣候議題，我覺得難能可貴。

另一方面，我認為您不必為此輾轉難眠。您問我您是否還應該搭飛機？您就搭吧，然後去體會那不好受的感覺，也嘗試之後搭一下火車。至於豌豆，如果您真的很想吃，就買個一小袋吧，然後去感受超市裡他人投來的目光，就像我在超市貨架上拿起義大利塑膠瓶裝的氣泡水，放進購物車裡的時候。事實上，我自己也參與了自來水[1]的益處和環保的宣導廣告。可是在某一個當下，我就是想喝義大利氣泡水！隨著氣泡在口中的彈跳，孩提時和父母一起旅行的美好回憶在腦中一一浮現。與此同時，它也讓我產生疑惑，令我深思。

所有這些思索都是好的，您不必為這些良知而接受治療。您可以如此繼續下去。是的，這種不快樂是尋常人生的一部分。而且，我再強調一次：它不是不快樂。您很幸運擁有這種良知。如果您願意，我可以當面對您說明，不過我可以對您保證，您只要和我面談一次就不需要再回診了。我不會開藥給您。假如您服藥，良知反而會急速減少。

親愛的讀者，面對世間的不公義是人存在的一個條件。躲

1 譯註：歐洲的自來水可以生飲。

在舒適圈並不是我所謂的「存在」，看不見「世界隱藏的眼淚」（引用列維納斯的話）是不正常的。看見貧窮、暴力、虐待、難民的痛苦和氣候問題，然後投身其中，這才是存在的真正意義。而要做到這點，我們必須先看見，感受到些許不快樂。正是如此。

走出安樂窩，樂於被看見，就像我一樣，去看見並參與世界的苦難，這就是快樂者的倫理責任。

因此，我衷心希望您的症狀有極強的傳染力，透過握手、擁抱以及其他各種形式的人際接觸，散播出去。

謹致上我真誠的問候

迪克・德・瓦赫特

參考文獻

Annemans, Lieven.
www.gelukkigebelgen.be.

Apostel, Leo (1998, 2013).
Atheistische spiritualiteit.
Brussel: Academic & Scientific Publishers.

Aristoteles (1999).
Ethica (vert. C. Pannier & J. Verhaeghe).
Groningen: Historische Uitgeverij Groningen.

Burger, Jeff (red.) (2014).
Leonard Cohen on Leonard Cohen.
Interviews and encounters.
Chicago: Chicago Review Press.

Capeau, Bart e.a. (2018).
Wat heet dan gelukkig zijn? Geluk, welvaart
en welzijn van de Belgen.
Antwerpen: Garant.

Cioran, Emil (2002).

Geschiedenis en Utopie (vert. Edu Borger).
Amsterdam: De Arbeiderspers.

Donnez, Pat & De Wachter, Dirk (2013).
Dat heet dan gelukkig zijn.
Gent: Borgerhoff & Lamberigts.

Engbersen, Radboud (2019).
Onderbelichte aspecten van eenzaamheid.
Utrecht: Movisie.

Esfahani Smith, Emily (2017).
De kracht van betekenis
(vert. Indra Nathoe & Karl van klaveren).
Utrecht: Ten Have.

Groot, Ger (2013).
Dankbaar en aandachtig. In gesprek met Samuel IJsseling.
Utrecht: Klement Uitgeverij.

Harari, Yuval Noah (2014).
Sapiens. Een kleine geschiedenis van de mensheid
(vert. Inge Pieters).
Amsterdam: Thomas Rap.

Hermsen, Joke J. (2009).
Stil de tijd. Pleidooi voor een langzame toekomst.

Amsterdam: De Arbeiderspers.

Hessel, Stephane (2011). *Neem het niet!* (vert. Hannie Vermeer-Pardoen). Amsterdam: Uitgeverij van Gennep.

Hessel, Stephane (2011). *Doe er iets aan! Gesprekken met Gilles van der Pooten* (vert. Henne van der Kooy). Amsterdam: Uitgeverij van Gennep.

Hessel, Stephane & Morin, Edgar (2011). *De weg van de hoop* (vert. Henne van der Kooy). Amsterdam: Uitgeverij van Gennep.

Houellebecq, Michel (2000). *De wereld als markt en strijd* (vert. Martin de Haan). Amsterdam: De Arbeiderspers.

Houellebecq, Michel (1999). *Elementaire deeltjes* (vert. Martin de Haan). Amsterdam: De Arbeiderspers.

Houellebecq, Michel (2018). *In aanwezigheid van*

Schopenhauer
(vert. Martin de Haan).
Amsterdam: De Arbeiderspers.

Kierkegaard, Soren (2000).
Of/Of. Een levensfragment
(uitgegeven door Victor
Eremita)
(vert./ann. Jan Marquart
Scholtz).
Amsterdam: Boom.

Komrij, Gerrit (1993).
Intimiteiten.
Amsterdam: De Arbeiderspers.

Kopland, Rutger (1997).
Wat is geluk. Uit: *Tot het ons*
loslaat.
Amsterdam: Van Oorschot.

Korteweg, Anton (1991).
Tijdig. Uit: *Ouderen zijn het*
gelukkigst en alle andere
gedichten van 1971 tot nu
(2015).
Amsterdam: Meulenhoff
Boekerij.

Levinas, Emmanuel (1995).
Alterite et transcendance.
Montpellier: Fata Morgana.

Montaigne, Michel de (1580).

De Essays (vert. Hans van Pinxteren, 2006).
Amsterdam: Atheneum/Polak & Van Gennep.

Pfeiffer, Ilja Leonard (2018).
Grand Hotel Europa.
Amsterdam: De Arbeiderspers.

Porter, Max (2016).
Verdriet is het ding met veren.
Amsterdam: De Bezige Bij.

Reve, Gerard (1947, 64e ed. 2017).
De avonden.
Amsterdam: De Bezige Bij.

Roose, Alexander (2016).
De vrolijke wijsheid. Zoeken, denken en leven met Michel de Montaigne.
Antwerpen: Polis.

Schmid, Wilhelm (2013).
Ongelukkig zijn. Een aanmoediging.
Amsterdam: Ambo.

Spaey, Johanna (2018).
Kleine encyclopedie van de eenzaamheid.
Amsterdam: De Geus.

Tellegen, Toon (2005).
Misschien wisten zij alles.
Amsterdam: Querido.

Tritsmans, Marc (2015).
Het gaat om gewicht III. Uit:
Aanrakingen.
Amsterdam: Nieuw Amsterdam.

Verhaeghe, Paul (2018).
Intimiteit.
Amsterdam: De Bezige Bij.

走出安樂窩，樂於被看見，
就像我一樣，去看見並參與世界的苦難，
這就是快樂者的倫理責任。

國家圖書館出版品預行編目資料

當快樂成爲負擔，不快樂就是你的權利 / 迪克・德・瓦赫特（Dirk De Wachter）著 ;
杜子倩 譯. -- 初版. -- 臺北市 : 商周出版 : 英屬蓋曼群島商家庭傳媒股份有限公司
城邦分公司發行, 2021.04
面 ； 公分. --
譯自：De Kunst Van Het Ongelukkig Zijn
ISBN 978-986-5482-43-5（平裝）
1.快樂 2.生活指導
176.51 110003762

當快樂成為負擔，不快樂就是你的權利

原著書名 / De Kunst Van Het Ongelukkig Zijn
作者 / 迪克・德・瓦赫特（Dirk De Wachter）
譯者 / 杜子倩
企劃選書 / 張詠翔
責任編輯 / 張詠翔

版權 / 黃淑敏、劉鎔慈
行銷業務 / 周丹蘋、黃崇華、周佑潔
總編輯 / 楊如玉
總經理 / 彭之琬
事業群總經理 / 黃淑貞
發行人 / 何飛鵬
法律顧問 / 元禾法律事務所 王子文律師
出版 / 商周出版
城邦文化事業股份有限公司
臺北市中山區民生東路二段141號9樓
電話：(02) 2500-7008 傳眞：(02) 2500-7759
E-mail：bwp.service@cite.com.tw
Blog：http://bwp25007008.pixnet.net/blog
發行 / 英屬蓋曼群島商家庭傳媒股份有限公司城邦分公司
臺北市中山區民生東路二段141號2樓
書虫客服服務專線：(02) 2500-7718・(02) 2500-7719
24小時傳眞服務：(02) 2500-1990・(02) 2500-1991
服務時間：週一至週五09:30-12:00・13:30-17:00
郵撥帳號：19863813 戶名：書虫股份有限公司
讀者服務信箱E-mail：service@readingclub.com.tw
歡迎光臨城邦讀書花園 網址：www.cite.com.tw
香港發行所 / 城邦（香港）出版集團有限公司
香港灣仔駱克道193號東超商業中心1樓
電話：(852) 2508-6231 傳眞：(852) 2578-9337
E-mail：hkcite@biznetvigator.com
馬新發行所 / 城邦(馬新)出版集團 Cité (M) Sdn. Bhd.
41, Jalan Radin Anum, Bandar Baru Sri Petaling,
57000 Kuala Lumpur, Malaysia
電話：(603) 9057-8822 傳眞：(603) 9057-6622
Email：cite@cite.com.my

封面設計 / 謝佳穎
內頁設計 / 豐禾工作室
排版 / 新鑫電腦排版工作室
印刷 / 韋懋印刷有限公司
經銷商 / 聯合發行股份有限公司
電話：(02) 2917-8022 傳眞：(02) 2911-0053
地址：新北市231新店區寶橋路235巷6弄6號2樓

■2021年04月初版
定價 280 元

Printed in Taiwan
城邦讀書花園
www.cite.com.tw

ISBN 978-986-5482-43-5

商周出版

廣　告　回
北區郵政管理登
台北廣字第0007
郵資已付，免貼

104台北市民生東路二段141號2樓

英屬蓋曼群島商家庭傳媒股份有限公司　城邦分公

請沿虛線對摺，謝謝！

商周出版

書號：BK5177　**書名：**當快樂成為負擔，不快樂就是你的權利　**編碼：**

請於此處用膠水黏貼

商周出版

讀者回函卡

感謝您購買我們出版的書籍！請費心填寫此回函卡，我們將不定期寄上城邦集團最新的出版訊息。

不定期好禮相贈！
立即加入：商周出版
Facebook 粉絲團

姓名：＿＿＿＿＿＿＿＿＿＿＿＿＿＿＿＿ 性別：☐男 ☐女

生日：西元＿＿＿＿＿＿年＿＿＿＿＿＿月＿＿＿＿＿＿日

地址：＿＿＿＿＿＿＿＿＿＿＿＿＿＿＿＿＿＿＿＿

聯絡電話：＿＿＿＿＿＿＿＿＿＿ 傳真：＿＿＿＿＿＿＿＿＿＿

E-mail ：

學歷：☐ 1. 小學 ☐ 2. 國中 ☐ 3. 高中 ☐ 4. 大學 ☐ 5. 研究所以上

職業：☐ 1. 學生 ☐ 2. 軍公教 ☐ 3. 服務 ☐ 4. 金融 ☐ 5. 製造 ☐ 6. 資訊
☐ 7. 傳播 ☐ 8. 自由業 ☐ 9. 農漁牧 ☐ 10. 家管 ☐ 11. 退休
☐ 12. 其他＿＿＿＿＿＿＿＿＿＿＿＿＿＿＿＿

您從何種方式得知本書消息？
☐ 1. 書店 ☐ 2. 網路 ☐ 3. 報紙 ☐ 4. 雜誌 ☐ 5. 廣播 ☐ 6. 電視
☐ 7. 親友推薦 ☐ 8. 其他＿＿＿＿＿＿＿＿＿＿＿＿

您通常以何種方式購書？
☐ 1. 書店 ☐ 2. 網路 ☐ 3. 傳真訂購 ☐ 4. 郵局劃撥 ☐ 5. 其他＿＿＿

您喜歡閱讀那些類別的書籍？
☐ 1. 財經商業 ☐ 2. 自然科學 ☐ 3. 歷史 ☐ 4. 法律 ☐ 5. 文學
☐ 6. 休閒旅遊 ☐ 7. 小說 ☐ 8. 人物傳記 ☐ 9. 生活、勵志 ☐ 10. 其他

對我們的建議：＿＿＿＿＿＿＿＿＿＿＿＿＿＿＿＿＿＿＿＿
＿＿＿＿＿＿＿＿＿＿＿＿＿＿＿＿＿＿＿＿
＿＿＿＿＿＿＿＿＿＿＿＿＿＿＿＿＿＿＿＿

請於此處用膠水黏貼